土族是中国人口比较少的民族之一,现有人口大约接近29万。土族人民有重礼仪的传统,尤其注重尊敬长者。如路遇相识的老人,要下马问候。土族人热情好客,忠实守信。土族与古代吐谷浑人、蒙古族有着密切关系。

走近中国少数民族丛书
主编/丹珠昂奔

土 族
Tuzu

祁进玉 东永学 著

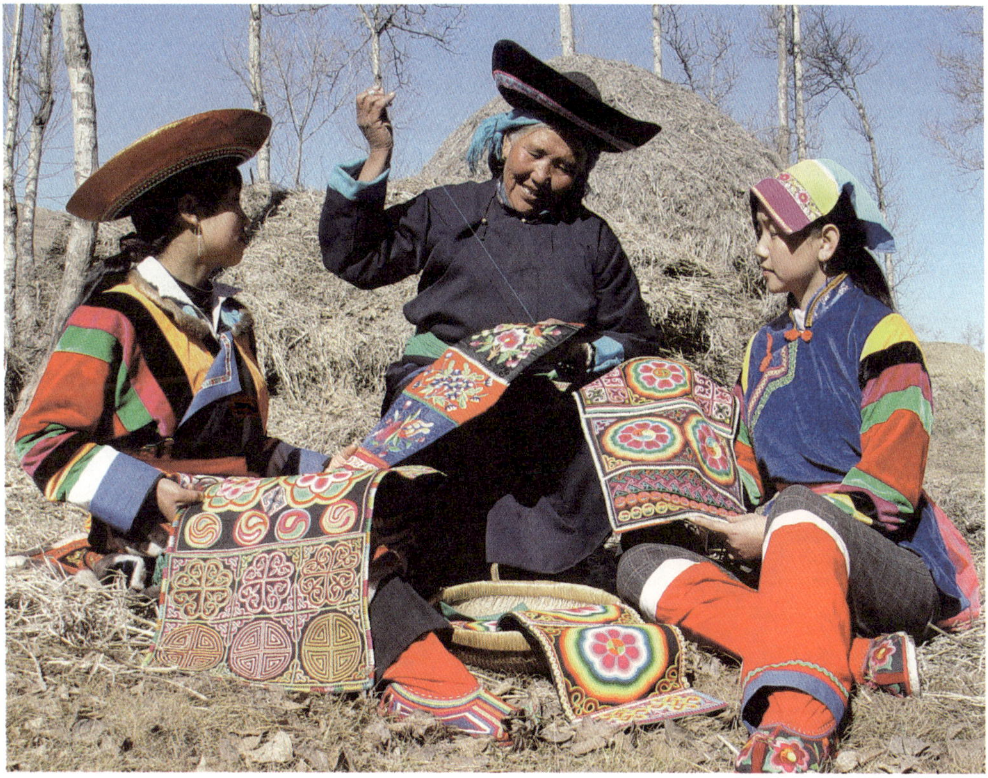

辽宁民族出版社

ⓒ 祁进玉　东永学　2014

图书在版编目（CIP）数据

土族 / 祁进玉，东永学著. —沈阳：辽宁民族出版社，2014.12（2020.5重印）

（走近中国少数民族丛书 / 丹珠昂奔主编）

ISBN 978-7-5497-0971-7

Ⅰ.①土… Ⅱ.①祁… ②东… Ⅲ.①土族—民族历史—中国 ②土族—民族文化—中国 Ⅳ.①K283.1

中国版本图书馆CIP数据核字（2014）第310807号

走近中国少数民族丛书·土族
ZOUJIN ZHONGGUO SHAOSHU MINZU CONGSHU·TUZU

丛书策划 / 李凤山

出版发行者：辽宁民族出版社
地　　　址：沈阳市和平区十一纬路25号　邮编：110003
印　刷　者：晟德（天津）印刷有限公司
幅面尺寸：170mm×240mm
印　　张：11
字　　数：160千字
出版时间：2014年12月第1版
印刷时间：2020年5月第2次印刷
责任编辑：李凤山　吴昕阳　李　璜
封面设计：杜　江
责任印制：杨　雪
责任校对：边京爱

标准书号：ISBN 978-7-5497-0971-7
定　　价：38.00元

网　　址：www.lnmzcbs.com　　邮购热线：024-23284335
淘宝网店：http：// lnmz2013.taobao.com
如有印装质量问题，请与出版社联系调换　　联系电话：024-23284340

《走近中国少数民族丛书》编辑委员会

主　编 / 丹珠昂奔（藏族）

副主编 / 武翠英　张学进　李凤山（蒙古族）

编　委 /（按姓氏音序排列）

巴哈提（哈萨克族）	白庚胜（纳西族）	白兰英（蒙古族）
陈　丹（彝族）	杜　江	黄如猛（壮族）
金顺玉（朝鲜族）	李　璜	李　欣（朝鲜族）
李有明（回族）	吕　怡	莫福山（藏族）
权春哲（朝鲜族）	萨仁图娅（蒙古族）	佟　强（蒙古族）
吴昕阳（满族）	徐　凯	殷德俭
张学林（朝鲜族）	钟廷雄（壮族）	朱　虹（蒙古族）

《走近中国少数民族丛书》作者名录

《蒙古族》 萨仁图娅（蒙古族）

《回族》 许宪隆（回族） 张龙（汉族）

《藏族》 丹珠昂奔（藏族）

《维吾尔族》 艾克拜尔·吾拉木（维吾尔族）
　　　　　买力克·买买提（维吾尔族）
　　　　　伊利迪尔（维吾尔族）

《苗族》 石莉芸（苗族） 李云兵（苗族）

《彝族》 陈国光（彝族）

《壮族》 黄佩华（壮族）

《布依族》 周国炎（布依族）

《朝鲜族》 黄有福（朝鲜族）

《满族》 于今（满族）

《侗族》 杨筑慧（侗族）

《瑶族》 玉时阶（壮族）

《白族》 董建中（白族）

《土家族》 罗中（土家族） 罗午（土家族）

《哈尼族》 朱志民（哈尼族） 李泽然（哈尼族）

《哈萨克族》 艾克拜尔·米吉提（哈萨克族）
　　　　　伊拉达·拉音别克（哈萨克族）

《傣族》 赵瑛（傣族）

《黎族》 罗文雄（黎族）

《傈僳族》 鲁建彪（傈僳族） 欧光明（傈僳族）

《佤族》 郭锐（佤族）

《畲族》 钟亮（畲族）

《台湾少数民族》 林华（台湾少数民族）

《拉祜族》 苏翠薇（拉祜族）

《水族》 韦学纯（水族）

《东乡族》 马兆熙（东乡族） 马自祥（东乡族）

《纳西族》 白庚胜（纳西族） 孙淑玲（汉族）
　　　　　白羲（纳西族）

《景颇族》 金黎燕（景颇族）

《柯尔克孜族》 阿地里·居玛叶尔地（柯尔克孜族）

《土族》 祁进玉（土族） 东永学（土族）

《达斡尔族》 毅松（达斡尔族）

《仫佬族》 黎学锐（仫佬族） 黎炼（仫佬族）

《羌族》 雍继荣（羌族） 罗吉华（羌族）
　　　　　周发成（羌族）

《布朗族》 陶玉明（布朗族）

《撒拉族》 马成俊（撒拉族） 马建新（撒拉族）

《毛南族》 韩德明（汉族）

《仡佬族》 周小艺（仡佬族）

《锡伯族》 阿苏（锡伯族） 盛丰田（锡伯族）
　　　　　何荣伟（锡伯族）

《阿昌族》 们发延（阿昌族） 张斯齐（蒙古族）

《普米族》 朱凌飞（汉族） 杨周明（普米族）

《塔吉克族》 西仁·库尔班（塔吉克族）
　　　　　阿力木江·西仁（塔吉克族）

《怒族》 李月英（傈僳族） 张芮婕（傈僳族）

《乌孜别克族》 古丽巴努木·克拜吐里（维吾尔族）

《俄罗斯族》 乃珂热曼·依布拉音（塔吉克族）

《鄂温克族》 黄任远（汉族） 那晓波（鄂温克族）

《德昂族》 袁丽华（汉族） 王燕（汉族）

《保安族》 马少青（保安族）

《裕固族》 董潇红（裕固族） 王政德（藏族）

《京族》 吕俊彪（汉族）

《塔塔尔族》 卡米力·库尔马尤夫（塔塔尔族）

《独龙族》 李金明（独龙族）

《鄂伦春族》 王为华（汉族）

《赫哲族》 黄任远（汉族）

《门巴族》 陈立明（汉族） 张媛（汉族）

《珞巴族》 陈立明（汉族） 李锦萍（汉族）

《基诺族》 朱映占（汉族）

总序

中国是一个统一的多民族国家。几千年来，有着悠久历史和灿烂文化的少数民族，与汉族一道，在中华大地上繁衍生息，共同开发着这块土地，建设、发展、捍卫着这个古老而伟大的国家。各民族都是兄弟，相互离不开，都是这个国家的主人。习近平总书记在第二次中央新疆工作座谈会上发表重要讲话，指出："要坚定不移坚持党的民族政策、坚持民族区域自治制度。民族团结是各族人民的生命线。要高举各民族大团结的旗帜，在各民族中牢固树立国家意识、公民意识、中华民族共同体意识，最大限度团结依靠各族群众，使每个民族、每个公民都为实现中华民族伟大复兴的中国梦贡献力量，共享祖国繁荣发展的成果。各民族要相互了解、相互尊重、相互包容、相互欣赏、相互学习、相互帮助，像石榴籽那样紧紧抱在一起。""要在各族群众中牢固树立正确的祖国观、民族观，弘扬社会主义核心价值体系和社会主义核心价值观，增强各族群众对伟大祖国的认同、对中华民族的认同、对中华文化的认同、对中国特色社会主义道路的认同。"因此，坚持平等、团结、互助、和谐的社会主义民族关系，不断增进了解，深化友谊，建立牢不可破的感情基础，是中国社会转型期、改革攻坚期、矛盾多发期保持社会稳定、发展的基本要求，也是实现中华民族伟大复兴的中国梦的基本要求。

为了进一步宣传我国少数民族的历史文化和民族风情，增强对少数民族的认识，宣传党的民族政策和方针，加深对党的民族政策的理解，加强各民族之间的了解与沟通，让读者了解少数民族，中华人民共和国国家民族事务委员会文化宣传司和辽宁民族出版社共同组织了《走近中国少数民族丛书》。

《走近中国少数民族丛书》的编写有以下三个特点：第一，采用图文并茂的形式、鲜活生动的语言、特色浓郁的图片与丰富的民族常识链接，向读者展示我国55个少数民族的历史渊源、民族变迁、社会生活、文化艺术、风俗习惯、历史人物和民族区域自治政策的伟大实践。第二，作者多为本民族的专家学者和与民族研究工作相关的专家学者，对自己撰述的对象既有深厚的知识积累，也有真挚的情感。第三，内容彰显了历史与现实、民族文化与地域文化、民族区域自治地方与散杂居地区少数民族生产生活的多彩画卷和轨迹，引导读者走近少数民族，聆听他们的古老传说，感受他们的发展变化，加深彼此的沟通和了解。这套《走近中国少数民族丛书》是面向民族干部和各级干部通览我国少数民族概况的普及读本，也是图书馆的必备藏书。

　　《走近中国少数民族丛书》所揭示的每一个民族的历史，都承载着这个民族的文化，也承载着这个民族的发展和未来。中华大地孕育的55个少数民族多彩斑斓的民族文化，同汉族文化一道从远古走到今天，汇入了中华文化壮阔的历史长河。"共同团结奋斗，共同繁荣发展"，保护、传承和弘扬少数民族优秀文化，不仅是推动我国民族团结进步事业的重要内容，也是构建和谐社会、实现中华民族伟大复兴的中国梦的重要使命。期待通过《走近中国少数民族丛书》，使广大读者徜徉于少数民族多彩风情的同时，更加深刻地了解和认知中华民族多元一体的文化内涵，感受中华民族悠久历史的深远与厚重。

丹珠昂奔

2014年6月26日

前言

土族 多源与多元的历史与文化特征

土族是青海的世居少数民族之一。土族的历史，由于过去本民族没有文字记载，汉文史书记载也是零碎不全，藏文史料虽有记述，但多失其真，加之鲜有相关考古文物出土为证，故土族族源问题尤显扑朔迷离。

土族是我国民族大家庭中的一个成员，是经过长期的历史发展而形成的，有着自己源远流长的历史。土族世代繁衍生息在青藏高原东北部、祁连山东南麓及黄河、湟水、大通河和洮河流域。土族是我国人口较少的一个少数民族，据1980年统计，人口约13万；1990年全国土族共有192 568人。土族主要聚居在青海省，为青海省5个世居少数民族之一。青海省共有土族163 600人，占全国土族总人口的85.4%，占全省总人口的3.65%。土族主要分布在青海省互助土族自治县、大通回族土族自治县、民和回族土族自治县、黄南藏族自治州同仁县和乐都县，其余散居于全省各地。甘肃省也是土族的聚居地区之一，共有21 239人。主要分布在天祝藏族自治县、肃南裕固族自治县、兰州市永登县、临夏回族自治州积石山保安族东乡族撒拉族自治县和甘南藏族自治州卓尼县，其中80%的土族生活在天祝、永登县境内的大通河和庄浪河之间。据2000年统计，土族人口已达241 198人，而且在青海、甘肃之外的全国各省区都有分布和散居，共有23 298人，约占土族总人口的9.7%。从历年来的土族人口统计的数据，可以发现其民族人口逐年稳定并增长的良好态势，譬如1949年土族人口数为47 891；1952年为51 876；1957年为59 183；1964年为69 296；1978年为112 026；1982年为129 194；1983年为131 074；1990年为192 568；2000年土族人口达到

241 198人。截至2010年，土族人口为289 565人，占全国总人口的0.0217%。

  土族有自己的民族语言，土族语属阿尔泰语系蒙古语族。现代土族语，分互助、民和、同仁等三大方言区，青海互助、大通、乐都和甘肃天祝等地的土语属互助方言，青海民和及甘肃积石山等地的土语属民和方言，青海同仁县的"五屯"（四寨子）土语属同仁方言。甘肃卓尼土族，俗称"勺哇土族"，因历史的原因，加之长期被藏文化圈所包围和隔绝，已经完全使用属汉藏语系藏缅语族藏语支的一种方言，与当地藏语接近；除使用藏语外，还使用汉语。其他地区的土族也兼通汉语和藏语。土族历史上没有文字传世，一般使用汉文、藏文。1979年创制了土族文字，结束了土族没有文字的历史，新的土文目前在互助方言区进行推广使用。

  河湟走廊与河西走廊的地理位置走向呈"丁"字形，自古以来，这一区域就是中外交通、民族混杂的地区，汉人以外，更多的是少数民族。青海、甘肃地区历来就是多民族共同生存、生息的地方，这一地区在历史上就是多民族不断迁徙、分离、汇聚、融合的北方民族的走廊，许许多多的古代民族或族体在不断的迁徙、分化、融合、同化中渐渐消失，逐渐淡出历史的视野，但也有新的民族或族体不断产生和形成、壮大。

  本书研究的主体——土族是我国56个民族之一，长期以来土族居住、繁衍在甘、青地区的河、湟、洮、岷等地，而河湟地区（即史籍所指的黄河上游和其支流湟水流域的地理范畴）是土族最大的聚居区，包括中国土族的三大方言区：互助方言区（包括互助、大通、乐都、天祝等地）、民和方言区和同仁方言区。

  河湟地区也曾经是我国古代的许多族体，诸如西戎、羌、氐、匈奴、鲜卑、吐谷浑、吐蕃、回鹘、党项、蒙古、回回、西番等众多族群生息繁衍的地方。历史上这里曾先后建立了平汉、西秦、前赵、南凉、吐谷浑、唃厮啰等称雄一时的地方民族政权。古代多族群或族体在历史上频繁接触，不断融合，从而使得各族群间的相互融入有了可能，发生族际文化认同与文化涵化乃至族际融合的史实，因此，今天仍然活跃在河湟地区的藏族、土族、回族、东乡族、保安族以及撒拉族、裕固族、蒙古族等众多民族就是许多古代族体的余脉。譬如土族，学术界认同较多的观点是历史上的吐谷浑人、蒙古族、藏族以及其他族体融合而形成的甘青地区的特有民族。

土族主要分布在西北的青海、甘肃两省，长期劳动、生活在黄河、湟水河、洮河、岷江地区。这里是一个地美草茂、可耕益牧的地区，勤劳、朴实的土族人民同居住在这一地区的汉族、回族、藏族等兄弟民族一起，开拓经营了这一地区，为这一地区的发展做出了重大贡献。

目录

总序 001
前言 003

第一章 历史与族源 009
历史源流 010
族源假说 014
霍尔与土族 021
吐谷浑与土族：源流之争的延续 023

第二章 土族分布与地域文化 027
土族分布 029
区域文化 036

第三章 从"土人"到土族 047
西宁州土人 048
名从主人 054
土司制 055
僧官制 058
土司制的式微与改土归流 060

第四章 民族区域自治与语言变迁 065
民族区域自治 066
土族语言变迁 073

第五章 土族的信仰与宗教 081
藏传佛教 082
民间道教多神信仰 086

祖先崇拜和自然神信仰	089
"家神"信仰与"猫鬼神"禁忌	092
巫师与阴阳师	093
萨满教遗俗——"孛"	095
其他崇拜与仪式	098

第六章　土族的人生礼仪　107
土族人生三部曲　108
土族"孝"文化　121

第七章　民间传说与叙事长诗　125
《霍尼》：福羊出世显灵光　126
《拉仁布与吉门索》：忠贞爱情感天动地　130
《祁家延西》：为国捐躯英雄颂　135

第八章　土族的特色民俗　141
青稞与酩馏　142
彩虹飞绕轮子秋　148
安召舞　151
花儿与少年　154
金针银线女儿心　161

参考文献　166
图片提供者　168
后记　169

第一章
历史与族源

从西北甘青地区一个较长的历史时段来看,土族族源的形成史是一个多源流的历史,古代的羌、突厥、鲜卑、小月氏、汉人、吐蕃等族体相互接触与相互融合形成了现代土族的族源源流。及至元明清时期,土族在其发展过程中又必然与周边的其他民族接触而形成相互融合,其中蒙古、藏、东乡、保安、裕固、回、汉等民族成分被土族所吸收,成为现代土族族源来源的一部分,并和土族的主体相兼容形成了现代土族的主体。

历史源流

关于土族的族源，由于其族源来源的复杂性和多源性，使得近代以来对于土族研究，尤其是族源研究显得十分困难，也充满复杂性，在国内外学术界也引起了较多的争论。现有的土族族源研究取得的共识是：从元末明初，在河湟地区形成了一个基于古代的多个族体相互融合而成的人群共同体——土族。历经元、明、清三代中央政府的治理和经营，在西北河、湟、洮、岷地区形成一套完善的属辖的土司制度；此外，明袭元制，采用"因其俗尚，用僧徒化导"的政治方略，实行一整套来自西藏佛教界的僧官制度。所以，土族地区历来是受到中央政府、土司、僧官等多方势力的"共治"。

《互助土族自治县志》书影

《互助土族自治县志》记载：

土族，是元末明初在青藏高原东北部形成的，其主体来源可追溯到元明及其以前活动于此的吐谷浑人和蒙古人。

今互助县和大通县的土族地区有好几个村庄，土语名称叫"吐浑"或"托红"，汉语称"土观"，均为"吐浑"的音转。这是因为历史上居住过吐谷浑而得名。其次，互助土族地区的合尔郡、合尔屯、贺尔川等村庄名称，是因为居住过"霍尔人"（即吐谷浑人）而得名。长期以来，藏族称土族为"霍尔"，"合尔郡"藏语称"合日江"，意为"霍尔人"居住的地方。可见，在地名上仍保留有吐谷浑与土族的历史渊源关系。

蒙古人是在南宋以后逐步进入青海东北地区的，由于与当地土著有着共同的经济生活和相近的语言，部分蒙古人和吐谷浑融合。

土族形成后的历史发展过程中，还不断融合有汉族、藏族以及后来进入土族地区的"西海蒙古"和"和硕特蒙古"等。

1958年，青海土族社会历史调查组编写的《青海土族社会历史调查提纲（草稿）》一书对于土族历史来源的基本思路如下：土族的来源：

1. 语言学提供的线索：(1)"土人"的含义；(2)"霍尔"的含义；(3)"蒙古尔孔"的含义；(4)"嘉霍尔"的含义；(5)

"察汗蒙古"的含义。

2. 现有材料提供的线索：（1）关于格日利特驻军互助县的传说；（2）关于尔丹王驻军互助县的传说；（3）关于鄂尔津的臣民由凉州迁至互助县的传说；（4）关于土族是吐谷浑后裔的传说；（5）关于土族是沙陀突厥后裔的传说。

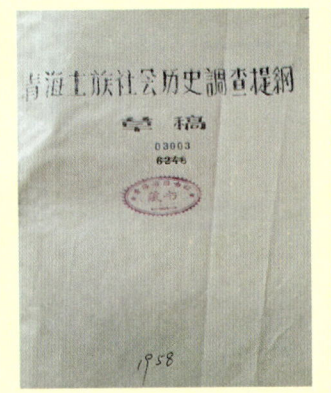

《青海土族社会历史调查提纲（草稿）》藏书封面

1959年3月，青海土族社会历史调查组编写的《土族简史简志合编》（修订稿）中对于土族的族源来源及其历史形成表述如下：

> 土族是以蒙古族为主体融合了其他民族（包括鲜卑吐谷浑和沙陀突厥）而成的说法是比较可靠的，但也有人认为土族来源于鲜卑吐谷浑或沙陀突厥。

1959年4月，青海少数民族社会历史调查组编写的《土族简史简志合编》（第三次修订稿）未刊稿对土族的族源描述如下：

> 北宋时，居住在阴山的鞑靼向西发展，到了祁连山一带（见《辽史》太祖纪），与今日青海省的大通、互助等地相邻。同时，在契丹统治下的蒙族先世山西五部也在西夏的招引下进入西北，与唃厮啰作战。阴山鞑靼和山西五部在甘青界上居留时间很长，因而可能有或多或少的部众散布到今日土族聚居的河西及青海河湟地区。13世纪初，成吉思汗率领蒙古部众向西北大举进攻。1205年，派汪古部不颜惜班率鞑靼部进攻西夏，取得甘凉诸州（今甘肃张掖、武威）。汪古部是白鞑靼15部之一，他们进驻河西后，与先来的阴山鞑靼和山西五部联系密切，其中一部分就是土族的祖先。
>
> 13世纪中叶，忽必烈出征大理归来，曾把一部分蒙古军留在庄浪（今甘肃永登、天祝一带），设置兵衙，进行屯戍。并以他的第七子奥鲁赤为西平王，驻甘州、西宁；又以驸马章吉为宁濮郡王，驻西宁。这就是元代蒙古族最初驻扎在甘青一带的正规的防戍军。
>
> 此后直至元末（14世纪中叶），元统治阶级陆续派遣屯田军"屯田青海以实边"。"治青海田，教部落杂耕其间"。如1502年，

《土族简史简志合编（修订稿、第四次修订稿）》封面

英宗命依世祖（忽必烈）旧制"青海五条河俱置屯"（《元史》兵志）。五条河指金城河、赐支河、湟河、大通河和庄浪河，都在兰州和西宁之间，正是今日土族人民聚居的地区。

……自元代以后，土族的祖先和杂居于本地区的汉、藏、回等族人民交往十分密切，相互的影响也日益加深。互助县一带的土族在宗教和习俗方面许多和藏族近似。土、藏两族通婚的也很多。他们表现出很多藏族文化的色彩。蒙、藏族人民称呼他们为"窝霍尔"，意思就是藏化了的蒙古人。民和县三川地区的土族表现出更多的汉族文化的色彩。蒙、藏族人民称呼他们为"嘉霍尔"，就是汉化了的蒙古人的意思。而土族人民自称为"蒙古尔孔"，就是蒙古人的意思。

《土族简史简志合编》（第三次修订稿）基本上认同土族的族源与蒙古族有关，其主体成分为元代以来驻扎在青海的蒙古军队与邻近地区的藏族、汉族等民族的部分逐渐融合而成。

《土族简史简志合编》（第四次修订稿）根据民间传说与相关史实加以佐证，认为土族来源于蒙古族，是比较可信的。然而，编写组也审慎地指出：不能认为上述蒙古军队及其部属就是土族，土族成为一个单一的民族是在较长的时期内逐渐形成的，土族的祖先在青海东部一带定居后，和杂居在一起的汉、藏等族人民交往十分密切。根据《佑宁寺创建记》记载和土族民间的传说，土族的祖先和汉族、藏族互相通婚，吸收了很多汉、藏族文化的成分，土族语言的词汇也有40%左右是汉语、藏语的词汇，土族的传统歌曲也有用汉语、藏语演唱的，这说明土族的祖先和汉族、藏族人民在长期的生产和生活中联系非常密切，自然而然地融合了一部分汉族和藏族以及他们的文化，这是土族在其形成的过程中不可忽视的一点。

在《土族简史简志合编》（第五、六次修订稿）中对于土族的族源来源及其历史形成开始有了不同的表述：

关于土族来源，有多种说法，还没有定论，根据现有材料，我们认为土族是霍尔人（可能是吐谷浑人）融合了一部分蒙［古］族逐渐形成的民族这一说法较为可靠。

20世纪50年代，青海少数民族社会历史调查组基于土族地区的综合田野调查、历史文献、民间传说及口述史等材料基础上编

▲

《土族简史简志合编》（第五次修订稿、第六次修订稿）封面

写出的《土族简史简志合编》多次修订稿本中对于土族的族源来源及其历史形成有着不同的解读，其说法也各种各样。从早期的"以蒙古族为中心融合其他民族而形成的民族"的观点到"霍尔人（可能是吐谷浑人）融合了一部分蒙古族人逐渐形成的民族"这一观点的转变，表明了对于土族族源及其历史来源的研究已经从初期的粗糙研究逐渐进入精耕细作式的深入研究和讨论，体现融合了跨学科研究方法，譬如人类学、民族学的田野研究、历史学的文献研究方法以及注重口述史与民间传说、历史史实的相互印证等方法，使得所获得的结论更具可信度，也更加接近族源研究的科学性探讨。

民族是长期历史发展的产物，有其产生、形成、发展和消亡的过程。我们在民族识别研究中，重视族源的研究，其目的就是要追溯人们共同体在历史上的分合和渊源关系，不是单纯去追溯其血缘渊源，而是要追溯其历史分化、融合、变化的过程，即什么时候形成为一个民族共同体，什么时候分化为另一个民族共同体，整个人群共同体怎样流动、迁徙、分化、融合？《土族简史》（1982）一书，对于土族的形成是这样表述的：

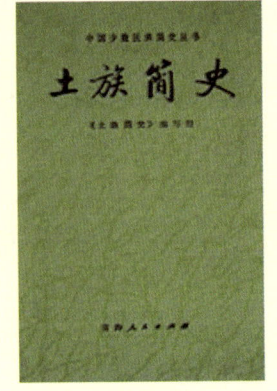

《土族简史》书影

土族的形成，和其他民族的形成一样，经历了漫长的历史过程。居住在现今土族聚居地区的吐谷浑人，与当地其他各族人民交错杂居，经过世世代代的相互吸收，不断融合，逐渐形成了新的人们共同体——土族。

从现有的文献、档案、方志等的相关记载可知，土族是元末明初，生活在甘青河、湟、洮、岷地区的被称为"西宁州土人"的那个群体，该群体与汉族、藏族、蒙古族、保安族、东乡族、撒拉族、回族、裕固族等多个民族长期杂居相处，他们与相邻的各个民族频繁接触与持续互动，在经济、文化、宗教和风俗习惯等各个方面显示出较强的相互影响，甚至由于历史原因而有彼此通婚和互融的个案，使得局部区域内的族体发生变化、分化或融合，所以现代土族的内部成分也是较为复杂的，但是其文化特点有其独特性，理应属于一个单一的民族共同体。

族源假说

关于土族的历史来源,代表性的说法有:吐谷浑说;阴山白鞑靼说;蒙古人与霍尔人融合说;沙陀突厥说;多源说。

吐谷浑说

此说最早见于1929年《蒙藏周报》刊《青海各民族记略》一文:

戎、土人,除了蒙藏汉回四种民族之外,还有一种民族,叫做土人,是别的省份里所没有的。居于西宁、乐都二县北面的山中及乐都东南三川一带,衣服装饰和别的民族完全两样。……有人说,他们是晋时吐谷浑的后裔,但没有可靠的证据。

1935年张其昀的《青海之山川人物》一文中提出吐谷浑"其遗留于青海者,当为土人成分之一"。陈寄生的《甘肃青海"土族"之史的考察》和《青海土人为吐谷浑后裔考》二文,从历史学视角明确提出土族是吐谷浑后裔。卫惠林的《青海土人的婚姻与亲族制度》(1947)从民俗学角度提出土人与吐谷浑的关系。卫惠林认为陈寄生的《青海土人为吐谷浑考》(1945)一文中提出"吐谷浑说"的观点比起蒙古说和突厥蒙古说更有价值。

他们自称为蒙兀儿(Monguor)或土人,汉人亦称之曰土人,蒙满人称之曰 tjasor 或 tjahor。他们绝不混同于现代青海旗人,也不承认为汉族同化,与藏族的差异无论在生活上或意识上都很清楚。关于他们的民族来源,在他们中间也没有足资考据的共同传说。

……自晋至唐吐蕃灭其国时,曾主国350年。在此350年中,当可造成一鲜卑系文化,与属民羌人之一支完全同化;吐谷浑灭国后,为吐蕃所逼,避居祁连山南北,其地望与今日之土人集中区相合。五代时为后唐李氏之臣属;后又归于契丹,降于元,五代至元曾为统治土人之世族,被后朝羁縻封赠,令其统治土人,遂建立了土人区的土司制度。明清时更使土司制度确立不坠,以至于今。唯土司与土人殊不能混为一谈。土司中有突厥种,有蒙古种,而土人则乃鲜卑人与羌人之混合族。

卫惠林指出：

关于土人民族的来源，他们自己通常自认为最早到青海的蒙古人，施迈德则认为蒙古化的突厥人，有中国历史学家认其为吐谷浑后裔，史禄国氏认其为蒙古系统的民族，但他承认土人的文化与满洲人酷似。我自己对于土人的来源，认为其百姓当为羌人很早从事田畜的一支，长久地为吐谷浑所统治，故其薰染最深，其后更番被吐蕃、东突厥人与西蒙古人所征服，故土人的社会文化是一种换木式历史承传所造成的。

知识链接　**卫惠林**（1904—1992）山西省阳城县人，社会学宗师，著名教授，人类学和民族学家。18岁时（民国十年）赴日本早稻田大学攻读，四年后（1925）获得文学学士学位；1927年时远赴法国，进入巴黎大学攻读民族学及社会学，1929年获得巴黎大学的硕士学位；从1932年开始在国内各学校及研究机构从事教学及研究。曾与黄文山先生创办中国第一个民族学的专门刊物《民族学研究集刊》，并组建中国民族学会。1992年辞世。

◀ 卫惠林（右）

1958年，青海少数民族社会历史调查组从文化风俗方面论证土族和吐谷浑的关系。顾颉刚认为：

现在青海的民和、乐都、互助、大通、亹源等县和甘肃的临夏、永靖等县都有"土人"，一般人谓即青海土著，或疑为土司的部民。按这种土人并无族名，其自称则为"土谷家的"。或"土户家的"。"土谷""土户"实均为"吐谷浑"一音之转。

地方史学专家芈一之的《土族族源考》（1981）和《土族族源再考》（1982）等文，其观点较有代表性，从颇受争议的李土司家谱分析考察土族与吐谷浑的关系。关于土族族源，芈一之认为：

以当地吐谷浑人为主体，融合了元初在互助土族自治县威远镇一带蒙古驻军格日利特所部三千人而形成土族。当然在长期历史发展中，土族与附近汉、藏、羌等各族人民交杂而居、互通婚姻，在其来源中也应包括有汉、藏、羌等族的成分，不过主要的系吐谷浑人和蒙古人的成分。

1982年出版的《土族简史》一书采信了土族族源的"吐谷浑说"，主要基于如下理由：

第一，通过地名加以佐证。如认为今互助和大通土族地区有十几个村庄的名称称为"吐浑"（土语），汉语称为"土观"或"托红"，均为"吐浑"的音转。第二，族称。土族的"土"字，并非土著之意，其来源于"吐谷浑"的"吐"字，是语言演变的结果。第三，语言。土族语言属于阿尔泰语系蒙古语族，词汇有一半左右和蒙古语相同或相近，但不能由此得出结论说土族主要源于蒙古人。蒙古族的先民是室韦，吐谷浑是鲜卑的一支。室韦、鲜卑都是东胡系统的民族，在语言上有同源关系，都属于东胡系统的民族。第四，从习俗、服饰看，吐谷浑的抢婚制在土族中还有遗风；土族有"护法神箭"信仰，这与历史上吐谷浑名王阿豺临死时折箭遗教的故事有关。第五，从姓氏上看，吐谷浑人姓常带"钵"音。

《中国民族史》书影

知识链接 吐谷浑与现代土族的族源研究在学术界尚存分歧，主要分歧点有以下几点疑虑：古代的吐谷浑人是否是现代土族的主体民族或族源来源之大部？历史上的吐谷浑国立国历经350多年，吐谷浑国是否是以土族先祖为主体的部族国家？唐末，吐谷浑国被吐蕃灭亡之后吐谷浑人分散四处，甘青故地是否仍有吐谷浑人的遗留族群？上述的疑问，成为解决土族族源争论中的关键点。江应樑主编的《中国民族史》（1990）采信了吐谷浑说：最新的吐谷浑说认为唐代吐谷浑灭亡后，留居于凉州至河湟地区的那一部分即成为土族的先民。土族是以这一部分吐谷浑人为主体，在长期发展过程中吸收了汉、藏、蒙古等民族的成分而逐渐形成的。江氏的关于土族族源的吐谷浑说，明显是借用了《土族简史》（1982）版本的说法。

土族学者吕建福的《土族史》一书在采信了土族族源的各家"吐谷浑说"的基础上，提出：

土族旧称"土人""土民"，这是宋代以来土民族的特定称呼，由"吐谷浑人""吐谷浑民"一名简化而来。

卫惠林则认为，土人信奉藏传佛教，念藏经，其一切风俗习惯，皆自汉蒙藏三种文化糅合而成。他们自称为"蒙古尔孔"，汉人称之为"土人"，蒙藏族则称之为"嘉索尔"，即汉化鲜卑人。他们绝不混同于现在青海之西蒙古人或番子，也不承认同化于汉族。

《土族史》书影

民族，作为人群共同体的一种，在漫长的社会历史发展情境中有着明显的多族群间的彼此接触与交流、融合的可能性。现代意义上的"民族"概念，更有着极为显著的社会建构的倾向。没有任何一个民族从古至今，其族体成分从来没有发生过变化的极端情形。民族或族群的这种"自称"的重要意义在于对内群体是一种认同和凝聚，对外群体是一种区分和认异，有着重要的社会意义和象征意义，有助于维系族群间的边界，也有助于维护群体的自我生存与绵延发展。

蒙古人与霍尔人融合说

此说最早由比利时神父德斯迈和田清波等提出。主张此说的学者，主要从语言学的角度，认为土语近似蒙古语，加之互助、大通等地区的土族自称"蒙古尔""察罕蒙古"等，所以认为是蒙古人的后裔。俄国人类学家史禄国在《通古斯的社会组织》（1924）一书中指出，土人与满洲人住地相距甚远，而文化、习俗有颇多相似之处，第一次提出土族与东胡民族的渊源。如韩儒林认为，操蒙古语的土族分布于青海东北大通、互助诸县境内。其地为古吐谷浑故国，故颇有人主张土族为吐谷浑之遗民者。盖吐谷浑为鲜卑之分支，语言亦属蒙古语系也。在蒙古诸方言中，土语保存古音极多。

张得善的《青海种族分布概况》（1935）一文提到：

青海土族，本可概括于蒙古族内。一言其人数，其丝毫未受同化者，不过三四万人，占全省人口百分之一。一言其势力，与政治上不发生多大效力，且与汉人同化之程度，比其他蒙藏族为深，只土司管制世袭未替。

另据1936年庄学本的记载，青海土民除以互助为中心地外，其散居之面积尚有大通、西宁、共和、民和、乐都等5县。唯大多汉化不易分别。其青海全省土人人口的总数，依作者的估计约2万至3万人。

《西陲宣化使公署月刊》1936年第一卷载庄学本《青海旅行记》一文说：

我们现在对于青海土人种族的源流，可以下一个蒙古种的结论。

过去有一部分人说他们是沙陀国李克用的后代，所谓沙陀国就是在新疆的沙陀碛；在迪化、绥来、阜康、孚远、奇台等县的西北，长五百里，广三百里，现名古尔班通古特沙地。唐称沙陀。在蒲类之东，金婆山之阳，属于西突厥的别部，及后又附于回鹘。

这一种说法，因为李土司是李克用的后代关系，但是这仅属于少数贵属，而不能附会于多数的土著人民。并且其中有很多的土司，是蒙古的，江南的。查李土司的家谱，自元朝梅的古管禄吉兄弟分茅红崖沟，及明朝李英、李雄弟兄进会宁伯、高阳伯，永世世袭。当时均称土民，现在青海的人们也都称他为土人，所以他们是地道的青海土著民族，而不是外来的移民，已经很清楚。

现在西庄人呼他们为"卡龙"，而他们自称又叫"蒙古尔"。他们的语言现用蒙古语。他们的骨骼伟大壮健，有黄色的皮肤，黑色的眼瞳，厚厚的嘴唇。他们的乡音又靠近蒙族，在这几点显著的特征上，很可以证明他们是蒙古民族的一支。

郭维屏、汪公量等人也赞同蒙古说。汪文认为：

土族的先民曾分两期开进河湟流域定居。唐末回纥东迁，室韦各部向西南移动，以黑车子、阴山、蒙兀等名字出现。阴山室韦别称鞑靼，曾与沙陀联盟，又与契丹抗衡。辽金时，阴山鞑靼自东向西迁，蔓延贺兰山外，而插帐到祁连山阴。这一部分鞑靼人，应为土族第一支族源。

成吉思汗远征军有一队百十来人掉了队，留驻在今互助县；永昌王阔端也曾把凉州蒙古军调到河湟一带；元世祖派儿子奥鲁赤驻青海为西平王；直至元末，蒙古宗王重臣和屯戍的蒙古军不断驻扎在西宁州附近。这些蒙古军遗留的后人,当为土族第二支族源。

贾晞儒指出,土族自称"蒙古尔"或"察干蒙古尔"。这个自称本身就反映出土族与蒙古族在历史上的密切关系。在土族群众中,至今还广泛地流传着他们的祖先来自蒙古人的传说。其中关于成吉思汗的部将格日利特率部来到今互助县一带,留驻索卜滩(意为"蒙古滩"),格日利特病死之后,其部属便留居下来,和当地霍尔人通婚,繁衍生息而成为今天的土族的传说,在《佑宁寺志》中也有所记载。格日利特是蒙古人,这是毫无疑问的。这里提到的"霍尔"人究竟指历史上的哪个民族,这需要由史学家来回答。但是,研究土族和蒙古族历史的学者们,无不认为土族与蒙古族是有着一定的历史渊源关系的,至于这种关系到了什么程度?有些什么特点?还待进一步研究。就其语言而言,在词汇方面,可以说土族语言的基本词汇与蒙古语同源,甚至当今土族群众在日常交往中经常使用的相当一部分基本词汇,都是13世纪的蒙古语的基本词汇。语言词汇上的同源和相似性,也为我们提供了研究土族、蒙古族历史关系的线索。

李生华对土族族源研究中围绕"吐"与"土"而论证土族为吐谷浑后裔的观点提出了不同的观点,从9个方面论证了土族为蒙古族后裔。

崔永红等人主编的《青海通史》也主张蒙古说。他们认为,这些被称为"土达""达民""土人"及"土民"的蒙古遗裔由于长期脱离其民族主体的原居的草原地区,并在元朝灭亡后也丧失了其统治民族的优越地位,因此在经济生活、文化风俗以及民族心理诸方面都受到其他民族与文化的影响而产生种种变异,造成其固有蒙古民族特征日渐淡化乃至消失,其中一部分人逐渐被其他民族所同化,另一部分人则吸收、融汇其他民族成分和文化而形成新的民族共同体。土族的形成,正是后一种历史现象的具体体现。

《青海通史》书影

沙陀突厥说

赞同此说的有：乐天《青海之土人》(1933)、卫聚贤《李克用后裔的族谱》(1941)、陈秉渊《李土司世系考》(1942)、童秀清《青海土司世系考》(1948)等文，从李土司族谱立论，主张土族族源是沙陀突厥。《最近之青海》一书，采信李土司世系的论述，提出土人源于沙陀突厥。沙陀突厥说，主要是以互助和民和土族中流传的李姓土族是沙陀李晋王后裔的传说为依据。在《甘肃全省新通志》《西宁府新志》等书都有相似的记载。《李土司族谱序》和《李氏世系谱序》等家族谱牒中也有相关记载。《土族简史简志合编》(1963)、《土族简史》(1982)等著作认为，土族源于沙陀突厥说可靠性不大。

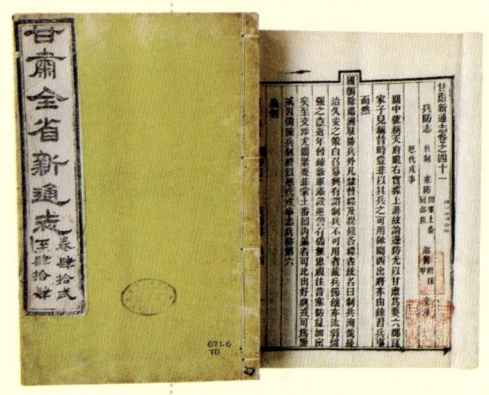

《甘肃全省新通志》书影

李克郁认为，在土族族源问题上，将关于沙陀李克用后裔的种种记载和民间传说一概加以否定，并把它置于一旁，这无疑是一种草率的举动。他认为，阴山白鞑靼是土族的重要组成部分。李克郁从6个方面集中论述了"阴山白鞑靼说"：首先否认吐谷浑绝非土族先民，他的理由是少数慕容鲜卑部的贵族与众多羌族部落酋长融合为一个统治阶级，鲜卑人羌化了，吐谷浑国，是以羌族为主。他引用一些史料来说明最先进入河湟流域的阴山白鞑靼就是土族最早的一支先民，是组成土族的主要部分，其后加入土族中的元代蒙古人也是不可忽视的重要组成部分，即土族就是元代蒙古人和当地霍尔人（阴山白鞑靼）结合而成的实际状况。

多源说

马鹤天《西北考察记·青海》(1932)一文提出：

土司所管辖之民，谓之土民。相传为吐谷浑之裔。实则，按其言语、宗教、习俗，不外汉、回、蒙、藏各族中之有实力者，在元、明、清时，先后率众归附，保守边境，国家乃封爵酬庸。

马希元《青海互助县土人调查记》(1934)、吴均《青海》

（1947）等文，其观点与马鹤天文相同。张得善《青海种族分布》（1933）一文，主张"土族是蒙古、沙陀、吐谷浑融为一体"的多源说。陈玉书《关于土族的来源问题》（1962）一文认为，霍尔即胡儿，是土族的重要来源，包括匈奴、吐浑、契丹、蒙古等，其中尤以匈奴遗濮（即辽金时期的阻卜）和蒙古应当是其主要成分。

霍尔与土族

1958年至1960年期间，中国科学院民族研究所组织了青海少数民族社会历史调查，调查组先后在青海土族聚居的互助、大通、民和、乐都及甘肃天祝等地进行了综合调查，编写了《土族简史简志合编》。在该书中首次讨论了土族的族源，认为"土族是一部分蒙古人与当地霍尔人（可能是吐谷浑人——原注）长期相处逐渐发展而成的说法比较可信"。

1982年出版的《土族简史》对"霍尔人"有如下解释：

"霍尔"究竟是历史上的哪一个古代民族呢？根据现有资料，"霍尔"一词最早是藏族对青海境内黄河以北部分游牧民族的通称。霍尔人，即包括吐谷浑人。但是后来霍尔则系指吐谷浑。藏文文献上常称吐谷浑为"霍尔"或"阿夏"。

李文实、吴均等人认为，霍尔则是东胡，一般指吐谷浑，藏文称吐谷浑为阿柴或阿夏。周伟洲认为，"吐谷浑"是否就是藏文所称的"霍尔"人呢？吐蕃是否也把吐谷浑称作"霍尔"，这是解决现代土族族源为吐谷浑的关键问题。

"霍尔"一词为藏语，原是藏族对黄河以北游牧民族的通称。元代索南坚赞在其《西藏王统记》一书中对于霍尔有如下记述：

霍尔最初之王，为天神之子孛儿帖赤那。孛尔帖子巴塔赤汗。巴塔子塔马察。……把儿坛子也速该·巴图尔。也速该子太

《土族简史简志合编》书影

祖成吉斯。也速该前，中原尚为汉与木雅所主，霍尔犹未得有天下。此后仰长寿天神之洪福，始出现具威力之成吉斯汗，时在佛灭度后三千二百五十年。王尽收汉及木雅人之地使天下归于一统。

从索南坚赞对霍尔王世系的考证，说明此时吐蕃人将霍尔王视为北方草原曾经的霸主成吉思汗。《西藏王统记》中的"霍尔"所对应的人群就是蒙古人。此外，五世达赖喇嘛所著的《西藏王臣记》一书中也有相关记述："丹津却季杰布者乃北方霍尔蒙古地区，无数大部落中之分支，号称为厄鲁特四部之一和硕特部落之人也。"此处，"霍尔蒙古"地区确指北方草原游牧之地。所谓的"丹津却季杰布"即固始汗（五世达赖所赐，意为护教法王），原放牧天山以北的乌鲁木齐，后率众移牧青海。应五世达赖喇嘛之请，又来藏地。1642年消灭了藏巴汗，统治全藏，他扶植格鲁派的五世达赖登上卫藏统治者的宝座，建立甘丹颇章政权。藏学家王尧曾考证，"霍尔"一词起源最早到公元7到8世纪吐蕃王朝时期，如一份原题为《北方若干国君之王统叙记》敦煌遗书藏文卷子（伯希和编号1283）中，称当时北方民族回鹘为霍尔（hor）。13世纪蒙古兴起后，也指称蒙古族为"霍尔"或"索胡"。

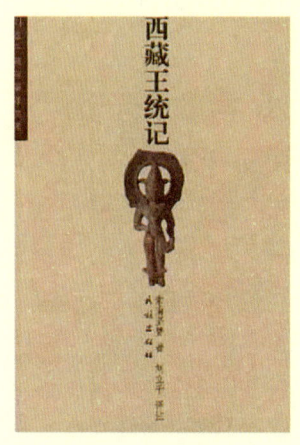

《西藏王统记》书影

吴均对于土族族源的来源提出了一些较有倾向性的建议：

我认为目前探讨土族族源，倾向于吐谷浑遗民，也有蒙古族屯军的渊源说法。蒙古屯军的关系似不能排除，但屯军人数不多，似仅是形成土族群体的一个支流，这种情况，在各少数民族地区中或多或少都有例可举，但不是主流。

至于吐谷浑遗民之说，似应考虑藏族对土族称呼的这个具体事实。藏族虽早先对吐谷浑有"祝固"的称呼，后来则称"阿夏"，虽有"巴达霍尔"之称，但似时间不长。至于霍尔一词，则既是藏族对北方民族的统称，也专指回纥人，这一点似应值得考虑。

吴均认为，蒙古族与土族也有着一定的族源渊源。《土族简史简志合编》（1963）一书写道：

> 土族祖先有一部分人来自蒙古族，除了民间有所传说、史籍有所记载之外，还可以从语言等方面得到证明。土语属阿尔泰语系的蒙古语族，词汇约有一半以上和蒙古语喀喇沁方言相近，不但如此，在《蒙古秘史》《华夷译语》等著作中记载的许多十三、十四世纪的蒙古语词汇，现在还有一部分保留在土语中，如称风为"克"，称雨为"忽剌"等。民和三川地区土族人和蒙古族相遇时，第一句话便互相称呼"玛尼孔白那"，意即都是自己人。土族自称"蒙古勒""蒙古尔孔"，意为蒙古人；或称作"察罕蒙古"，意为白蒙古，这都说明土族的来源和蒙古族的深厚的渊源。

关于中国土族的历史叙事，需要求助于少量的相关历史文献记载和官方档案材料，经过历史复原并重构这一段业已消逝的历史。一个民族的族源和族体形成虽然有密切联系，但终究属于两个不同的问题。族源问题，是指构成一个民族的成分，而族体形成则是指这些成分是在较长的历史时期如何融合而形成一个民族的问题。也就是说，探讨一个民族的族源与族体形成问题，其实是在探讨民族共同体形成过程中的源与流的问题，而对于这个问题的深入探讨，需要大量的史料和历史事实为佐证，然而由于民族共同体的形成发展和演变过程中充满诸多的变量，故而增添了很多的不确定性与复杂性。

吐谷浑与土族：
源流之争的延续

关于吐谷浑国被吐蕃并灭之后，吐谷浑人的大部去向问题，一直以来是土族族源研究的重点和关键点。顾颉刚认为，吐谷浑在青海被吐蕃攻灭之后，在青海的大部分，则因灭于吐蕃的缘故，其子孙已全为吐蕃及西藏所同化，那就是现今的西番和南番（即积石山南的俄洛族）。他曾经提到：

现在青海的民和、乐都、互助、大通等县和甘肃的临夏、永靖等县都有"土人",一般人谓即青海土著,或疑为土司的部民。按这种土人并无族名,其自称则为"土谷家的",或"土户家的"。"土谷""土户"实均为"吐谷浑"一音之转。土人分布零星稀落,除在亹源、互助的差可成部落以外,其他都和汉、回杂居,染了汉化,妇女们穿红裙,挂佩巾,而且以前还裹小脚,根本和番女不同。他们的说话另是一种,非蒙,非藏,非汉,说不定还保存着若干古代的羌语,这是要请语言学家进一步研究的。

张一纯认为:

(吐谷浑)男子衣服,略同华夏,通服长裙缯帽,或戴幂。妇人以金花为首饰、辫发萦后,缀以珠贝,以多为贵……东胡语每含蒙古语成分,吐谷浑语言为东胡语,无疑也。

唐会昌二年(842)吐蕃王朝解体后,河陇诸州的吐谷浑人,多自成部落,与汉、吐蕃、回鹘等民族一起杂居或聚居,互相往来密切。沙州以西的伊州、鄯州、且末的吐谷浑人,在敦煌发现的唐光启年间(885—887)的写本《沙州、伊州地志》(残卷)里尚有记载,说明这些地方这时尚有吐谷浑人居住。吐蕃向西北扩张势力,后来灭吐谷浑。延续300多年的吐谷浑人大部被迫迁往内地中原地区,并且与汉族通婚,子弟童年入侍,使得吐谷浑人特别是上层贵族很快汉化。中央政府在吐谷浑迁入地区设置羁縻州,有利于吐谷浑人与汉族的交往和频繁接触,与汉文化也更加进一步接近了。唐朝政府对迁徙到羁縻州府的吐谷浑人,设置了夏州的宁朔州、延州的浑州、凉州的阁州等3个羁縻州进行有效的统治,并且派官员来治理。同时还让居安乐州的吐谷浑可汗宣赵兄弟,"岁往巡按以抚护之"。其首领一般为羁縻州的世袭都督、刺史,"虽贡赋版籍,多不上户部,然声教所暨,皆边州都督、都户所领,著于令式"。居住在河西的吐谷浑人还要负担徭役和兵役,促使入居内地的吐谷浑人日益接近汉族的文化,有利

《吐谷浑史》书影

于吐谷浑最后融合到汉族之中。

那么，土族是否就是吐谷浑人，抑或古代的鲜卑族就是今天的土族？周伟洲认为，今天土族与古代的吐谷浑人有着密切的历史渊源关系，可以把吐谷浑视为今天土族的祖先、主要的族源。但必须指出的是，青海的吐谷浑人在漫长的历史发展过程中，先后融合了藏、蒙古、汉、羌等族，最后形成了今天的土族。因此，不能完全把吐谷浑与今天的土族等同起来，视土族为吐谷浑的直接后裔。因为经过吐谷浑与藏、蒙古、汉等族的融合之后，土族所遗存的吐谷浑的特点大部分已消失。

中国古代历史上的众多民族或族群，在漫长的社会发展与社会变迁过程中，由于内部的家族、社会结构的变化或外部的地理、社会环境急剧变动而导致群体间的持续性接触、迁徙，使得本族群发生分化、解体、融合或同化的现象比比皆是，所以很多古代的民族逐渐消失，或融入其他民族之中，或与其他民族融合而形成新的民族共同体等等。在如此漫长的社会历史长河中，很少有哪个民族没有吸收或接纳其他民族或族群的成分而作为单一民族共同体而存留下来。

第二章
土族分布与地域文化

在漫长而特殊的历史发展过程中，土族各族体间彼此接触与相互融入或互渗的形成机制中，逐渐形成了土族文化特有而极为丰富的内涵。这一点从三大方言区（互助、民和、同仁）土族文化的较大差异形态（文化丛，包括族群历史、语言、服饰、风俗、民间信仰、艺术等）可以得到佐证。土族族源来源是多源的，其文化形态是多元的，多源与多元的特点形成了土族历史与文化的总体特征。

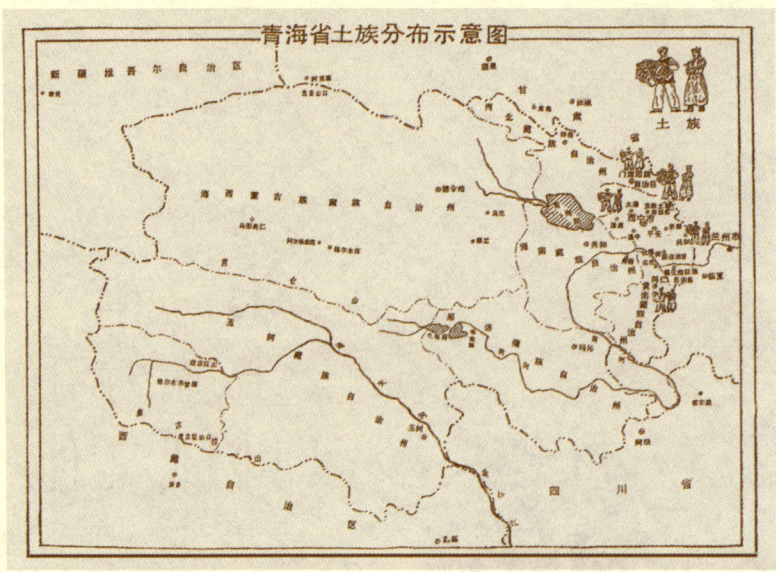

青海省土族分布示意图

　　土族世代繁衍生息在青藏高原东北部、祁连山东南麓及黄河、湟水、大通河和洮河流域。土族是我国人口较少的一个少数民族，据统计，土族人口的变动情况大概如下：1949年土族人口数为47 891人；1952年为51 876人；1957年为59 183人；1964年为69 296人；1978年为112 026人；1982年为129 194人；1983年为131 074人；2000年为241 198人；2010年为289 565人。

　　土族主要聚居在青海省，为青海省5个世居少数民族之一。青海省共有土族163 600人（2000年人口统计数据），占全国土族总人口的85.4%，占全省总人口的3.65%。根据2010年第六次全国人口普查数据，青海省土族204 413人，占全省人口的3.63%。土族主要分布在青海省互助土族自治县、大通回族土族自治县、民和回族土族自治县、乐都县、黄南藏族自治州同仁县，其余散居于全省各地。

　　甘肃省也是土族的聚居地区之一，共有21 239人（2000年人口统计数据），主要分布在天祝藏族自治县、肃南裕固族自治县、兰州市永登县、临夏回族自治州积石山保安族东乡族撒拉族自治县和甘南藏族自治州卓尼县，其中80%的土族生活在天祝、永登县境内的大通河和庄浪河之间。

　　土族在青海、甘肃之外的全国各省区都有分布和散居，共有23 298人（2000年人口统计数据），约占土族总人口的9.7%。中国土族的分布特点属于"大杂居、小聚居"的分布格局。

土族分布

土族在青海的分布除三大方言区互助、民和、同仁以外,主要散居在乐都、门源、都兰、乌兰、贵德、共和、西宁等地。这里介绍3个较有代表性的土族聚居区:互助、民和三川地区、同仁"五屯"地区。

互助土族

青海省互助土族自治县是土族最大的聚居区,位于北纬36.8度,东经101.9度之间,在青海省东北部,湟水北岸,祁连山东南麓。其西北与大通县、门源县接壤,西南与西宁相连,东南接乐都,东北与甘肃永登、天祝毗邻。互助县境内,在自然形势分布上,可分为沙塘川、哈喇直沟、红崖子沟、五峰寺沟,境内山川相间,地势北高南低,祁连山支脉达坂山从西北到东南横贯互助县全境。

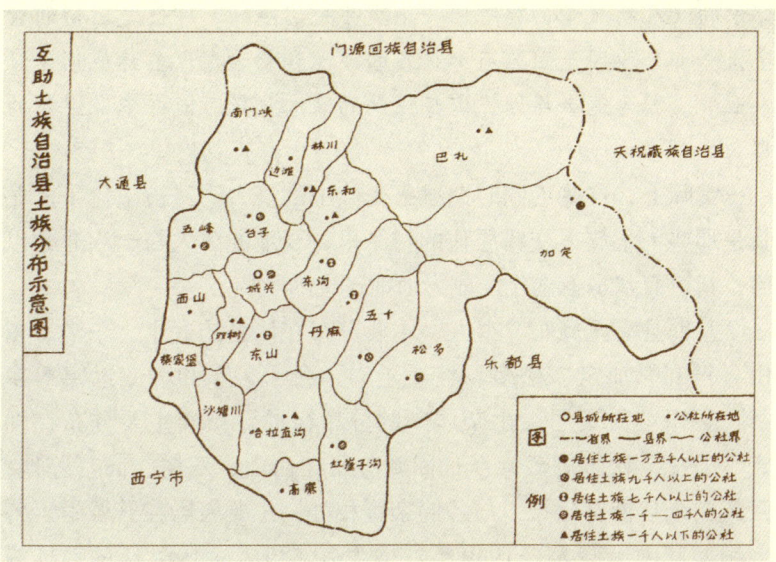

互助土族自治县土族分布示意图

互助的民族构成主要有汉族、土族、藏族、回族、蒙古族。互助汉族的来源据史料记载,最早在西汉时就有汉人在此居住,但是这批人后来逐渐同化于当地民族。及至隋唐也有汉人不断迁徙而来，但是后来也被同化。现在的汉族大部分都是在明初从江苏南京珠玑巷、山西洪洞县等地迁徙而来的。据互助县双树乡的周家、朱家，哈拉直沟乡的尚家、蒋家、冯家等姓氏的家谱记载：他们的祖上从明朝洪武年间，从南京迁来，内有军户、发配的罪犯和被株连的百姓，均为举族迁徙至此。在清朝同治年间，从四川、甘肃、陕西等地也迁来一部分汉人，其中有一部分人融合到当地土族、藏族和回族中。许让神父曾提及汉人融入土族的事例：

1368—1723年，这类没有家室的零星的汉人被吸收进蒙古尔部中是有可能的。后来，在和平和富足时期，吸收进蒙古尔部的汉人不可能很多。大多数是在穆斯林反叛那段混乱时期吸收进来的。那时，许多汉人丧失了他们的财产，家破人亡，许多人只身逃到蒙古尔地方从头开始生活。……在蒙古尔人吸收或部分吸收汉人个体成员和家庭的同时，把汉文化也整个地吸收进蒙古尔社会。蒙古尔人觉得自己的文化不及汉文化，他们中的许多以"夷狄"出身而感到惭愧，拒不承认他们的蒙古尔或沙陀血统，并声称是汉人血统，他们像汉人那样穿戴，只讲汉语。吸收到蒙古尔部中的汉人的数量，要给出一个数字是困难的，即使是近似的数字，一部分原因是因为有那么多的沙陀和蒙古尔人宣称他们是汉人血统。因为这个原因，定期吸纳的汉人户数可能并不像设想的那么多。

实际上，这些不同时期融入土族中的汉人已经被土化了。尤其是那些与土族人交错居住的村子里，当地的汉人与土族通婚以后，其后裔基本上土化，成为地地道道的土族。

互助县有土族62 780人，主要分布在该县的五十、东沟、东山、丹麻、加定、松多、红崖子沟、台子、东和、威远镇等乡镇，处于"大聚居、小杂居"的分布格局。藏族主要分布在加定、巴扎、松多等藏族乡；回族分布在西山、双树、高寨等地；汉族在全县皆有分布，与各族杂糅相处，主要聚居在县城附近各乡镇。其中土族人口1949年数据为20 549人；1982年的数据为47 208人，占全县总人口的15.44%；截至2003年土族人口为64 116人，占全县总人口的17.29%。

民和三川土族

民和回族土族自治县，其东部、东北部隔大通河、湟水（俗称"西河"）与甘肃兰州市红古区相望；南部、东南部隔黄河与甘肃省临夏市积石山保安族东乡族撒拉族自治县遥遥相对；西南、西部同青海省循化撒拉族自治县和化隆回族自治县为邻；西北和北部与乐都县相接。民和因位于青海省的最东部，素有"青海门户"之称。

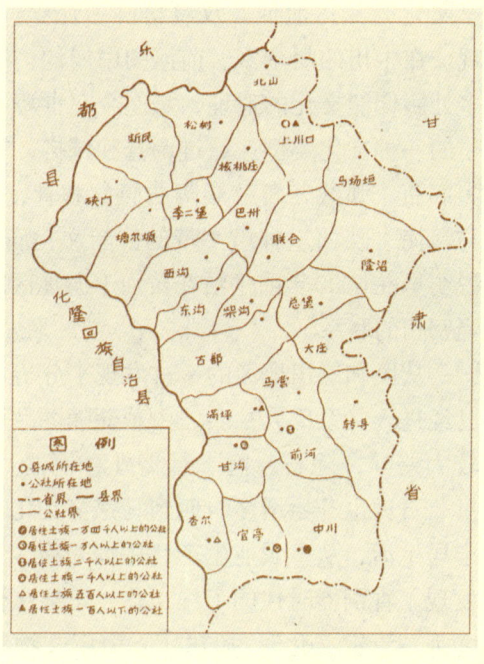

民和回族土族自治县土族分布示意图

青海省民和三川土族聚居区，位于民和县的南部和东南部，隔黄河与临夏市积石山保安族东乡族撒拉族自治县遥相对应。滔滔黄河，劈开积石关，奔向刘家峡。以河为界，河之南，属甘肃省积石山保安族东乡族撒拉族自治县大河家镇；河之北，是民和县土族聚居地——官亭镇。南岸滩头至北岸崖脚的缓流处，有古渡口，古称"临津关"，是接通甘、青的要津之一。"三川"土族地区，是一块三面环山、一面临水的小盆地。因其境内有3条主要的季节河——赵木川河、大马家河（也叫朱家河）、桑布拉河（也叫前河）流入黄河而得名。

三川地区包括官亭、中川、杏儿、甘沟、满坪、前河6个乡镇，辖80多个行政村，近300个自然村，居住着土族、回族、藏族、东乡族、撒拉族、汉族等7个民族的7.5万人口。土族是主体民族，有45 000人。三川地区历史悠久，古镇官亭是古代丝绸之路南道中的重要通道，东有"接官岭""接唐山"，西有"临津古渡""积石雄关"。

三川境内有很多考古遗迹和已有的考古发掘证实，地处上川的喇家文化遗址所出土的石磬及其他文物属于齐家文化，被列为全国十大考古发现之一。此外，三川境内还有马家窑、马厂、齐家文化等文化遗址及汉墓群、古城堡"丹阳城"等多处考古发现。在中川的胡李家、前河的白崖沟、官亭的胡热等地已经发现多处属仰韶文化的遗址，是迄今在青海省内发现的新石器时代最早的一种文化类型。通过调查和试掘，在这些遗址中出土的重唇尖底瓶、弧线三角纹彩陶曲腹盆和骨、石用具及装饰品等文物，与河南、陕西、甘肃一带的仰韶文化庙底沟类型几乎完全一样。说明早在6000年前生活在黄河上游地区的先民们就和内地有着相当密切的联系。

从民和三川地区的考古发现来分析，可以说明齐家文化时期已经进入父系氏族社会，由墓葬随葬品可见人们对财产占有出现较大差异，除石、陶、骨器外，铜器开始使用，作为货币的海贝、石贝也开始增多。而到马家窑文化时期，这时已经开始有了定居生活，从事农业生产，还饲养猪、狗等家畜。民和县境内还发现了青铜器时代的卡约文化、辛店文化和唐汪式陶器，人们称之为"青铜文化"。1978年青海省文物考古队在三川核桃庄发掘出360多座辛店文化墓葬，经专家鉴定认为"核桃庄类型"可分三期，第一期相当于中原的春秋时期；第二期相当于战国；第三期相当于秦汉之际。由此可见，从古代起，三川土族地区历史上

民和官厅旧影

就是人类的劳动、生息、繁衍之地。

民和回族土族自治县有回、汉、土、藏、东乡、满、撒拉、蒙古、壮、羌、朝鲜、侗、苗、保安14个民族,其中回、土、藏、东乡、撒拉、蒙古等是世居民族。汉族在全县各乡皆有分布,与其他民族杂居。回族聚居在川口、马营、大庄、核桃庄、塘尔垣,另外在各乡散居分布。土族聚居在官亭、中川、峡口等三川地区,前河、甘沟等乡也有分布。藏族聚居在杏儿、硖门、新民、芦草沟等乡。东乡、保安、撒拉、蒙古、朝鲜、壮、满等族,主要居住在县城和集镇附近。1985年底,全县总人口为302 610人,其中土族为31 735人。

据2000年人口统计数字,民和土族为39 616人,其中男性为20 081人,女性为19 535人。从1985—2000年的近15年的时间内,民和土族人口基本稳定,变动较小,而且分性别的人口普查数字说明,男女比例保持了相对稳定的人口发展态势。

同仁"五屯"土族

同仁土族地区,古称"五屯"(四寨子)。通常人们所说的"五屯",并非一个村庄,而是同仁县隆务镇以北呈带状分布的隆务河两岸的5个自然村落。自南而北,有河西的年都乎、郭玛日、尕撒日(均属年都乎乡),河东的吴屯(属隆务镇)和保安下庄(属保安镇)。地方志书记载,明、清时称"四屯"或"四寨子"。明万历二十八年(1600)《王廷仪碑》(该碑现藏同仁县年都乎村)称"季、吴、脱、李四寨",清人龚景瀚《循化志》卷四称"保安四屯",有吴屯(今吴屯上、下

黄南藏族自治州同仁县土族分布示意图

同仁县年都乎寺藏《王廷仪碑》

二庄)、季屯、李屯(李屯又分上、下二屯,今郭玛日、尕撒日)、脱屯(今保安下庄)。当地藏民一直称"汉四寨子"。

据史料记载,同仁地区自隋唐以来是吐谷浑的属地。唐高宗龙朔三年(663),吐谷浑大臣素和贵因罪奔吐蕃,尽言其虚实,吐蕃出兵攻吐谷浑,破其众于黄河沿岸,吐谷浑王诺曷钵与弘化公主引数千帐走凉州,吐谷浑国亡。吐谷浑人与当地的氐羌、吐蕃等民族相互吸收融合。《同仁县志》中有如下看法:藏族对吐谷浑称霍尔,而不叫吐谷浑。黄南地区至今有些藏族部落和村寨仍称霍尔、霍日、霍那等,如泽库县的和日部落,同仁县的黄乃亥、霍日加等等,都与当初的吐谷浑有关。

据已有的研究资料与地方史、语言学、人类学等众多学者的考证,保安四屯的屯民,其中吴屯即江南移民,季屯、李屯、脱屯则是河州土民(包括今民和三川、大河家地区)移入者。

明朝初年,在西北地区实行移民实边的屯田方略。明前期民屯,"其制,移民就宽乡;或招募或罪徙者为民屯,皆领之有司"。

明永乐四年,明朝政府在青海河湟地区分兵屯田,贵德有十屯,保安(今同仁地区)有其四。据《循化志·族寨工屯》记载:

按土司之先以归附有功,赐以安插之地。明初开创旷土,本多招募番回开垦,遂据为己有。汉人无田者亦从之佃种。所称土户,不尽其部落地。故不曰庄而曰佃,言之皆土司佃户也。

屯地共二百一十八顷一十四亩五分一厘,实征粮一千三百八十八石,保安四屯即在其内。

很显然,明初在西北边塞地区实行军屯和民屯方略,促进了西北地区经济的发展,同时也解决了由于长期的战争与灾荒而导致的大面积的土地抛荒、民众饥馑逃荒等一系列现实的社会问题。

明朝万历二年（1574）筑成保安堡，至清朝宣统元年（1909）尚有都守1员，把总2名，兵227名。1913年，保安营被裁撤，历经339年。保安堡的屯兵多来自"计、吴、脱、李"四寨子，即现在的青海省黄南藏族自治州同仁县的年都乎、郭玛日、尕撒日、保安下庄和吴屯等土族村庄。保安营屯兵的民族成分由最初的当地四寨子土兵和从内地招募的汉人组成，这些屯兵世代留守同仁地区，期间几度存废与复置。这些屯兵多与当地土人与蕃民通婚，逐步演化为今日同仁地区的"五屯"（四寨子）土族，其中保安下庄是土族村庄，邻近的保安上庄和保安镇的居民以汉人为主，也有部分经商的回族和撒拉族。

同仁地区，明朝时隶河州府，设河州同知，为藏、汉、回、撒拉、东乡、保安、土、蒙古等族杂糅相居之地。清雍正八年（1730），循化设厅，道光三年改隶西宁府。据《西宁府续志》记载：

咸丰三年（1853）编审，（循化厅）其人户除接管贵德拨回（即今保安族）之保安四屯，"口内十二族，二千六百九十一户；撒拉回民八工，二千七百八十户。口外西番四十九寨，南番二十一寨，八千五百四十九户，共男女大小一十七万七千七百二十九丁口。内：男六万五千五百九十九丁，三万三千九百四十二口；女五万六百七十一丁，二万七千五百一十七口"。

同仁县土族历年人口根据新中国成立以来的几次人口普查统计资料，1964年为3 161人；1982年为6 317人；1990年为7 477人；其中2000年为7 991人，占全县总人口的10.37%。同仁地区的土族主要分布于同仁县隆务河中游的吴屯、加查玛、年都乎、郭玛日、尕撒日、脱加（保安下庄）等村庄。其中年都乎现有（截至2004年）326户居民，人口1 656人；郭玛日306户，2 169人；尕撒日158户，1 073人；吴屯上庄179户，1 076人；吴屯下庄263户，1 559人；保安下庄也有200多户人家。这5个村子坐落在隆务宗曲河两岸，东西两侧为高山，保安城以南，隆务河以北，南北长15公里，东西宽约3公里，大约有45平方公里的一段河谷地。此地土地肥沃，灌溉便利，树木成荫，杏梨繁茂，是同仁县农业生产条件最好的地区之一。

区域文化

互助方言区所属的大通、乐都、互助、天祝等地土族由于长期与藏族相处，藏文化对这一地区土族的影响很深，宗教也以藏传佛教——格鲁派为主。土族群众信仰藏传佛教居多，民间也有信仰古代萨满、本教、自然神等遗俗。互助土族族际通婚与交往以汉族、藏族、蒙古族为主，也有与回族通婚的，一般是土族妇女外嫁。族际关系较为稳定、融洽。互助土族地区民族分布的格局也是典型的"大杂居、小聚居"的格局，局部地区由于各族长期错杂而居，族际相互接触，相互影响，从文化语言等方面可以看到相互融合的情形。如同在互助县的红崖子沟与哈拉直沟，虽相距很近，但土语的发音上有显著的区别，红崖子沟的说话带藏音，而哈拉直沟人说话夹杂汉语词汇。

庄学本记述的土族服饰

土族的服饰文化有极为鲜明的独特性。1936年，庄学本曾在《申报》记述：

◀ 互助土族新娘出嫁照

土人的衣饰，四五岁以上的小孩，多没有裤穿，现在在零下十度的冬天，他们小腿都冻得像红萝卜一样。男子富的和汉人一样用布匹，普通的就用褐子做衣料。式样和汉人的长衫一样，他们也有黄色的皮肤，棕黑色的眼球和黑色的头发，扁平的脸部，汉装以后，和汉人已不能分别。但是他们女子的装饰很值得来介绍。

普通工作的时期，布

裤，长褐衣，束腰，赤足，戴翻边毡帽。夏季戴伞式的小圆笠帽。新年节日，穿红袖衣，束花腰带，两耳戴银环下垂如练，颈中套一个大项圈：上面钉满如铜圆般磨光的白蚌壳。发饰：戴一耸起尺许如簸箕形的红帽，帽子用红纸版铁丝做成，边上全是下垂的红须头，因它像簸箕，所以通称叫"簸箕头"，后面用绣花如银碗式的饰物覆在她们的发髻上，另外再用一尺长的一支银簪或铜簪横插在脑后。她们额际的红头须，作三角形，如旧式的前留海一般。成年的女子，未嫁的裤管上绲一块很阔的大红边，已嫁的绲黑色边，这也算是她们处女与妇人外表的一些分别。

不同地区的土族服饰有很大的差异，各有其独特性。

到桑思格（现互助土族自治县五十镇）以后，第一个感觉异样的男女衣饰又别致了。男子的衣饰差别还少，他们穿的无面的皮袄，束腰，羔皮帽，软底靴，有的腰间挂一把火镰。但是每一个土人多还拖着一条长辫。

女子的服饰普通是褐子衣，在这几天新年中多穿上一件五色袖管的新衣：外衣是一件黑色的长袍，袖子用二寸的红布条、黄布条、蓝布条、紫布条、绿布条，缝成两个美丽的袖管；有钱的外罩一件绿色绸缎，或黑色丝绒的短背心，前后的衣脚上镶四个大如意。颈中挂两串红白相间的细料珠耳环下垂及肩，鞋子双梁，用红、黄、绿布一条一条地制成。

未嫁的女子秃头梳两条辫子。已嫁的妇女戴两种头饰：一种三叉头，一种干粮头。

庄学本在土族地区经过实地调查后指出，土人服饰异常奇特，和蒙古人及"番"人均截然不同，妇人的头饰用红线、五色

互助土族妇女头饰"纽达"之式样

土族传统女性服饰

互助土族服饰

上水磨土族妇女的盛装

互助土族男女服饰

布、红绒球和小铜铃做成马鞍形、簸箕形、蜂翅形、三尖形、烧饼形,分别称马鞍头、簸箕头、蜂儿头、三尖头或三叉头、烧饼头或干粮头等种种。每一条山沟流行一种头饰,颈间套着白贝壳的项圈,背后又拖一个五彩料珠盘成的圆碟。

通过实地考察和游历,庄学本看到了同一土族地区不同的服饰差异,充分显示了土族族群内部文化分化和多元的事实,也即通常汉人所谓的"熟番"与"生番"之别。例如他提到过的红崖子沟(与今平安县相接)和塘巴堡(县政府所在地威远镇附近)的土族服饰很显然不一样:

(红崖子沟土族)此类头饰与塘巴堡截然不同。夏日男子之衣料为褐,女子穿布。此地土人染汉化未深。脸貌清秀,举动天真。女子的身体矮小,男子的身体壮健。他们都还没有见过照相,所以当我替他们照相时,姿势多活泼自然。有几个略知清洁的土女,在她们已经洗掉垢腻的脸上,搽上一种红色如胭脂的伦,更显得苹果色的脸蛋,健康而美丽。

《皇清职贡图》记录的土族服饰

清人傅恒等人编纂的《皇清职贡图》一书对土族的服饰记载如下：

> 碾伯县土指挥同知李国栋，唐沙陀李克用之后。（其）所管东沟、大庄及土百户李国鼎所管之虎喇等族土人，皆原管部落。男子衣帽与民人同。妇人绾发裹足，簪珥、衣裙，亦均类民妇。性淳朴，勤耕作，间有读书识字者。其土指挥同知阿珍、赵维宋、佥事冶俊祥、甘灵芝、朱孙林，千户喇俊英、百户辛必正等，所辖鲁尔加等族土民，风俗服饰大略相同。

碾伯县土指
挥同知李国
栋所辖东沟
等地土民

西宁县土指
挥佥事汪于
昆所辖土民

《皇清职贡图》卷五（第295页）记载：

> 西宁县土指挥佥事汪于昆所管土民，亦西番苗裔。明洪武初，番目南木哥率众归附，授以土职，世管其众。土民所居距城五十里。男毡帽布衣。妇盘发，戴红布箍，垂缧覆额，中贯铜簪，系以珊瑚、水珠，衣裙间亦多以玉石、砗磲缀之。裹足著履，与东沟等族番妇相似。风俗质朴，勤于耕稼。

《皇清职贡图》卷五（第289页）记载：

> 东沟等八族番民，亦西羌苗裔，所居距西宁县七十余里。元

西宁县土指挥祁宪邦等所辖东沟土民 ▶

庄浪土指挥鲁凤翯所辖土民 ▶

庄浪土佥事鲁万策所辖土民 ▶

时有祁贡哥星吉者,任甘肃理问所官,明初来归,授为指挥使,世领番众。本朝因之。番民男戴白羊皮帽,著长领褐衣。妇女以红布为额箍,上嵌砗磲,后插银铜凤钗数枝,杂垂珠石。衣裙俱用红绿布,而裙与衣齐,裹足著履,多类民妇。性淳朴,勤于耕作。

《皇清职贡图》卷五(第277页)记载:

庄浪土指挥鲁凤翯,系元平章政事托欢之后。自托欢归附于明,授为世袭指挥。本朝定鼎,以土司鲁印昌拒贼殉国,特加褒奖,仍令子孙世袭原职。所管上写尔素等八族番民,历系青海分管。雍正二年,专交土司管辖……额报番兵二百名,听候调遣。所居皆帐房。男子皮帽褐衣。女披发约帛,缀砗磲、银花为饰,衣以五色褐布缘之,灿如锦绣。男女皆赤足,间有曳履者。

《皇清职贡图》卷五(第279页)记载:

庄浪土佥事鲁万策,亦元平章政事托欢之后,明时别授为指挥金事，本朝顺治初，仍袭原职。所管毛他喇族土民，男皆衣褐。女锥髻，以皂帛抹额，系裙裹足，与内地民妇相似。饮食风俗亦同。授田耕种，岁输军粮津贴土军。

从上述的一番描述和对比，我们可以看出成书于清代的《皇清职贡图》中对于不同地区土司所辖的土民服饰的描述显示出族群间略微细小的差异，但是总体上相同点多于差异性。例如，土民性情淳朴、勤于耕作，生计方式以操农业为主，辅之于牧业或半农半牧；此外，从甘青地区土司所辖土民的服饰，可以大致看出土族聚居区较为特别的族群地理分布与文化涵化的一些特点。那些地处边远的或与藏族杂居的土族的服饰与文化特点略显混杂性，这些群体往往被汉人或其他群体视为番人，或与番同，被当作是"生番"。而那些居住和分布在交通便利之地的土民，因更多地与周围其他汉人群体频繁接触，因之被视为土人或土司之民，通常被当作"熟番"对待。其实，对于"生番"和"熟番"的分别仅以文化为分野，"熟番"通常被视作归化了的良民，缴纳供赋，甚至在战事紧张时被抽调为兵丁，听候土司调遣。那些被视为"生番"的族群，往往距离政治权力的核心遥远，半农半牧，抑或以牧业为主，游徙无定，性勇好斗，不通华言。历代中国政府通常以此类方式对边疆少数民族加以分类，并采取相应的对策来治理这些群体，最为典型的便是中国特有的"封土司民"和"改土归流"等官吏和社会管理体制。

民和三川土族一户四代同堂的大家庭，中座长者为前清老贡生

第二章 土族分布与地域文化 041

从《皇清职贡图》的描述中,还可以看到业已出现的社会与文化变迁的情形。例如以土民族群间服饰文化的差异为例,如庄浪土指挥鲁凤翯所辖上写尔素等族妇女服饰"女披发约帛,缀砗磲、银花为饰,衣以五色褐布缘之,灿如锦绣"。这一番描述俨然就是现在互助等地土族的传统服饰之一,在衣袖上缀上五彩或七彩褐布的做法流传至今。然而,同为庄浪土司的鲁万策辖地土民,从男女服饰打扮来看,分明已经汉化了。其饮食、风俗和服饰皆与内地相似。

1938年,青海省政府下令改变土族妇女服饰,遭到土族群众抵制和反对。但是,此次粗暴政令的发布却对土族妇女传统服饰和相关习俗的负面影响是显而易见的。自此以后,土族地区沿袭数百年的传统的民族服饰和民族文化传统或被强迫同化或被改造得面目全非,现在只有在为数不多的一些博物馆里才能看到以前在土族妇女中流行的仅剩的几种"纽达"(土族妇女佩戴的独特头饰)和土族刺绣绣品。

服饰差异

土族的服装在各个方言区也有较大差异,据庄学本记载:

男子的服饰,大通、互助、乐都一带,穿无面羊裘,夏日穿毛褐,束腰,戴羔皮帽或毡帽,软底靴,腰间常挂火镰一把,背

互助东沟土族妇女

后拖大辫一条。而民和之男子服饰多数已汉化。但均留发辫未去。

服饰：互助、乐都、大通之妇女，都穿宽大之旗袍，布色尚深蓝或黑色，褐子则尚深棕色。衣袖用二三寸宽之红布、蓝布、紫布、绿布相接，彩色灿烂，宛如旧的国旗。互助哈拉直沟年轻妇人于裤之两旁束红色之布两片，大脚裤，犹如古代之战裙。脚都天足，鞋子为红、黄、绿色之条子布制成。民和官厅之妇女不穿褐子，梳发髻上挽，绿衣红裙，如逊清时内地妇女之服饰，短衣齐腰，长裙拖地，缠足，穿绣花小红鞋，即俗称"三寸金莲"也，其中亦有不足三寸的。

民和土族妇女服饰

民和三川土族地区的男子服饰多已内地化和汉化，而妇女的服饰则较有特点，而且也往往不同于互助、乐都、大通以及同仁等地土族妇女的服饰。民和三川土族女子头饰为此地特有的"丹凤头"。

> **知识链接** 丹凤头 庄学本在《青海旅行记》中记载："丹凤头"为珠冠，背后亦悬挂一chelga，但较互助者为小，圆盘又平覆背上。额前有展翅之凤凰一只，行动时颤动如飞。此种装束盛行于民和官厅，他处尚属未见，传为鄯善国丹阳公主遗制，盖其附近有古鄯驿及丹阳城。

文化变迁

三川土族因其地理分布特点，汉文化对土族的影响很深，当地土族汉化情况也较为严重，语言很有特点，是土族语与汉语的混合语；服饰同化较深，当地土族男性的服饰、穿着打扮与附近村庄的汉族男性没有多大的差异，女性服饰的民族特点也几乎丧

同仁年都护的土族——末代土把总夏吾才郎及其后人

失殆尽,只有在官亭镇三川科技中心土族民俗展厅才能看见清末的土族女性服饰,也是寥寥可数。三川土族"纳顿节"极富民间傩祭特色,但是土族男女一律汉族装束。当地土族信仰汉传佛教和道教,如嘛呢会和二郎神信仰,这里的很多土族村庄中多神信仰的习俗较为普遍。民族意识较之互助要淡漠许多,但是族际有效区分仍然较为明显,族群内部差异较大,认同有进一步分化的趋向,文化认同更多倾向于汉文化。

同仁土族的服装有显著特点,尤其是妇女的服饰,别具一格,保有古风。五屯土族男子的服饰,已经完全藏化了。他们穿藏袍,着藏靴,戴礼帽或毡质藏帽。妇女服装已有逐渐藏化趋势,但明显地与藏族不同。五屯土族妇女的长袍仅及膝(过去不束腰带,现大都束)右襟,花色镶边。奇特处在于袍子的领子和开衩。圆领如围肩,宽五六寸,犹如古服中圆形肩帔。长袍左右开衩,走起路来袍襟摆动,如蝴蝶展翅。妇女裤子与互助和民和相似。脚腿外沿有宽约五寸的花边,谓之"铁宛",近年来已经逐渐消失了。老年妇女仍旧穿大红裤子。

在保安四屯中,吴屯是最为独特的一个,吴屯村民据说是来自江苏、浙江、四川、湖北等地的汉族,其历史相对较短。村民所讲的语言最独特,类似于一种藏、汉、土等语的混合语。

同仁地区属于安多藏区,"五屯"地区被周围的强势的藏族文化所包围，自然成了文化的一个孤岛。这从"五屯"四寨子村民服饰和语言所渗透的浓重的藏文化特色，就可以看出藏文化对当地土族的影响。从吴屯土族的语言中，也隐约可见汉文化的影响源远流长。重要的是汉人在明初的大量迁入，军士屯戍或移民实边，在一定程度上改变了这些移入地区的民族构成、民族比例以及民族分散居住的格局，这有利于民族之间的交往、交流和频繁的接触，使得民族间的文化交流与互动成为可能，而且这一过程不断在强化，从而创造了族际文化融合、文化同化的客观条件和社会交际的良好氛围。

第三章
从"土人"到土族

　　在土族的民族识别工作中遵循了一个基本的共识：名从主人的原则，即从土人到土族民族身份合法性的获得与转换。中华人民共和国成立后，即20世纪50年代初的民族识别工作，对于众多的土族人民而言，这次的抉择不啻为一个正确的决定，其意义重要而深刻，甚至影响到一个民族的生存与发展。

西宁州土人

从元末明初，世居青海高原的土人部落于明王朝与蒙元余部在西北地区的对峙中获得崛起的良机，开始在明初西北边陲的军事、政治等边防事务中扮演着越来越重要的角色，"土人"部落的土司率领各自的部众以一支新的政治力量登上中国历史的舞台。

明代的文献和史料中对于"土人"及其部落分布的记录甚少，对其族源来源的记载凤毛麟角。这时的文献史料中所称的"西宁州土人"或"土人"，是汉人对这一人群共同体的他称或蔑称。

从"西宁州土人"这个他称，却也反映出一个事实：即元末明初，土族的先民已经成为一个族群共同体而有别于该地区的其他少数民族群体（如吐蕃、西番或加西番、蒙古、回回等）。《土族简史（修订本）》（2009）对于土族的形成表述如下：

《土族简史》书影

元末明初，出现了"土人"名称。这时史书记载的"土人"，已是一个稳定的人们共同体了。这些都说明，元、明时期土族已是一个单一的民族。它既不同于吐谷浑，也不同于藏、蒙古等族，是一个在其形成发展过程中，不断融合了其他民族成分的、有着自己独特风格的民族……河湟一带，历史上各民族都是错杂而居。土族形成前后，融合了其他民族的成分，同时其他民族也融合有土族的成分，这也是河湟地区历史上各民族友好相处的一个有力说明。

从明初至清初的较长时期，"西宁州土人"的众多部落在土司力量消长盛衰的历史周期中拓展其分布、驻防的范围，在宗教（藏传佛教）、政治（封土司民、僧官制）等的浸染下其民族性格也逐渐被型塑，并形成鲜明的特色。

清代，对于土人是一个独立的人群共同体已经有了明确的认识。如清人杨应琚的《西宁府新志》卷二十《建置·堡寨》记载：

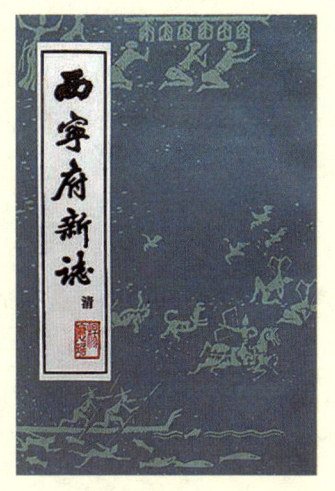

《西宁府新志》书影

大通卫（乾隆二十六年改设县治），卫系新设，汉、土、番、回杂处，故于各堡独分载，以备新莅斯土者察考焉。临城百胜堡，即卫治。土、汉民各半，间有回民。河西逊让堡，城西南五里，尽属土人，汉人间有焉。多洛堡，城西二十里，系土人。祁家堡，城北五里，皆土人。新庄堡，城北十五里，土人什之六，回民什之三，汉人什之一。向阳堡，城北十七里，汉人什之六，番民什之四。

另据杨应琚《西宁府新志》卷九《建置·城池》记载：

丹噶尔城，西去府治（西宁府）九十里，皇清雍正五年筑。驻扎参将一员，千、把总共三员。乾隆九年，经西宁道佥事杨应琚以丹噶尔路通西藏，逼近青海，边隘声息关重，又为汉、土、蒙古、回民并远近番人交易之所。乃有武弁，并无文员，应添设县佐一员。

清人梁份在其《秦边纪略》一书中提到西宁州土人分布范围和人口规模等大体的情况，并对易于混淆的土人、番民、海夷等西北少数族体有了较为清晰的分类和认识。

西宁李土司所辖仅万人，祁土司所辖十数万人，其他土官吉、纳、阿、陈、辛等，所辖合万人。土人所居，悉依山傍险，屯聚相保，自守甚严，莫敢犯其疆域者，此明制之最善，盖亦本之五代与。

海夷，当嘉靖时，常入寇边，番族受其害者，烧帐房，掠羊马，掠妇女，杀丁壮，番皆畏之，愿为部属。然后攻土民，杀汉人，败官兵，无所不至。今诸番分纳各夷添巴，不纳中国茶马，已判然为夷属。万历间，夷犯内地，驱番为导，引为前锋，番既获利，为害河、湟，胜于夷矣。

从上述来看，清代中期对于西北甘青地区的诸多少数民族已经有了较为明晰的区分，在相关历史文献的描写中，对不同的少数民族已经有较为明确的认知和表述，而不是古人对中原以外的众多少数民族的所处四夷的"蛮、夷、狄、戎"的简单划分。

现存青海省图书馆的"湟南世德祁氏列祖家乘谱"中对土族祁氏先祖来源有如下记载：

始祖祁贡哥星吉，系元朝后裔。初封金紫万户侯，后任甘肃省理问所官。世守西土，于前明洪武元年五月内归顺。

另：皇明镇国将军都指挥佥事祁公墓表：陕西行都司、西宁卫都指挥佥事祁公讳凤，字岐卿，原籍西宁州人。其先始祖贡哥星吉乃前元甘肃省理问所官。当我圣祖龙飞之初归附，遂从征讨，累功进武备副千户。

清代学者梁份所撰《秦边纪略》记载：

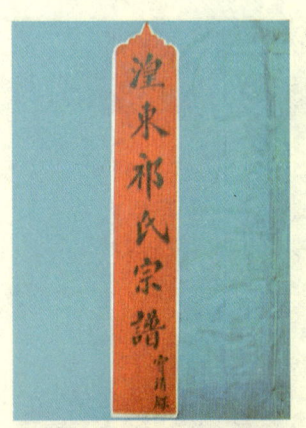

土族祁氏家族谱（青海省图书馆藏本）

西川口，土司西祁之所居也，东西二祁所辖之土民，各号称十万。祁氏，盖祁廷谏、朵儿只失结之后，所居在三祁寨，而西宁之共居大厦者，非李、祁土司而谁也！

土族，宋代已有"土人"之称。如《嘉靖宁夏新志》宋佛表称：西夏境内汉、蕃、土人杂居。《秦边纪略》《武威县志》《平番县志》记载："庄浪卫，土、汉之所杂居，黑番之所出入。""庄浪土司驻牧连城，土民繁衍分布大通河内外。"后来这里的土族人有外迁的，也有从青海迁来的。

明初，史籍提及的所谓"西宁州土人"即今土族。

《明太祖实录》记载，洪武六年（1373）"置西宁卫，以朵儿只失结为指挥佥事。朵儿只失结，西宁人，仕元为甘肃行省右丞"。

《明太宗实录》记载，洪武三十五年（1403）十二月"西宁卫土官、卫镇抚李南哥进马，赐钞二百锭、彩币十表里"。永乐十八年（1420）"敕西宁、庄浪、平凉、巩昌、岷州、河州、临

《秦边纪略》书影

洮诸卫选精锐土军，不限名数，令土官都指挥李英，指挥鲁失加、刘芳、赵安，千户哈喇苦出、董暹、张永等领之，以明年三月至北京"。

《明英宗实录》记载，宣德十年（1435）"免西宁卫土民杂差，以土民有来诉者也"。明正统元年（1436）镇守陕西都督同知郑铭奏："巩昌府迭烈孙巡检司在黄河东岸，回回、达达、土番杂居，恐诱胡贼来寇边境，宜即（令）巡检司，修筑营堡，增添官军，以备不虞。"上命急为缮理。

《清实录》中也有关于"土人"的相关记载，此时史料所提的"土人"已经明确特指土族。《皇清职贡图》中已经明确提到了"土族"一词，但也通常将"土人"和"土族"通用来指代土族，有时又使用为指称"当地人"和本地民。如《皇清职贡图》记载：本朝雍正年间，以河州土百户韩玉麟、韩旭从征桌子山有功，并授为千户。分辖撒拉、土族，其民所居距州治200余里。

《清世祖实录》记载，顺治五年（1648）"授陕西庄浪土司祁廷谏、鲁安为指挥使，西宁土司李天俞为指挥同知"。

《清世宗实录》记载，雍正十年（1732）"谕内阁：朕闻西宁北川口外白塔地方，出产石煤，系附近汉、土、番、回民人挖取贩卖，以为生计，每驮纳税钱三十文，西宁府委员收解充饷"。

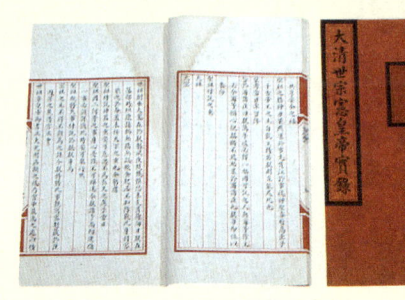

《清世宗实录》书影

关于"土人"一词，在清代学者梁份所著的《秦边纪略》中就有明确的记载。"土人"一指土著居民，即生活在青海本地的世居民族；二是专指土族。从他的描述中可以看到清代青海土族的分布与族群居住格局的大致情形：

巴州堡，土人所居。东接古鄯，西通黑山，北临大通河。河山之水皆可导以溉田，土人自守，倍于兵民。汉人无居此者，山高而地瘠也。

上川口，土司李氏之所居也。明初，李南哥率众南归，使之招番讨叛，大有功绩，赐铁券虎头符。今其精锐土人，尚以万计。

西宁卫，汉初为龙居城……自汉人、土人而外，有黑番，有回回，有西夷，有黄衣僧，而番回特众。

清代学者梁份在其著作中较为清晰地划分出汉人、回族、蒙古族、藏族和土族之间的差异及其社会边界，这里的"土人"是特指世居青海、甘肃的土族。比利时神父许让也有相似的论述：

1911至1922年，我在中国西北的西宁边界地区传教。这一地区居住着汉人、蕃人、说突厥语的撒拉尔人、说汉语的穆斯林以及自称"蒙古尔"而汉人称之为"土人"的人，土人之意为"本地人、当地人"。

在传教过程中，我接触到蒙古尔人，比起蕃人，蒙古尔人更引起我的兴趣。各种有关他们的神秘来源和他们的社会组织的矛盾的、难以置信的传闻广泛流传，人们对他们却所知甚少。……

土人一词是西宁汉人用以称该地方归土司所管辖的说蒙兀儿（蒙古尔）话的本地人。这个词的意思就是本土的人。

虽则这里所论的人民，不能决定他们以前所住的地方，我们却想用这不很正确的名词，因为这是地方上公用的，而且是用来专指这一种人的。所以土人一词是一种民族的名称。这地方上的西藏人、蒙古人、撒拉人（Salars）在西宁住民看来都不是土人。而且凉州及兰州的地方志都用这名词来指这种人的。

土族的族源及其起源一直以来都是国内外学术界研究和探讨的重点，也是土族研究中最易于产生争议和争论的领域，直到今天也仍然是极富争议性的话题之一。1926年，庄学本在入藏前，专门抽出近3个月的时间在青海进行实地调查与民族志摄影。他谈到了对土族的称谓变化：

"土人"一语，为汉人对于他们的称谓，俗语土生土长的人，或亦可解为土司之民，即青海土著民族之意。而他们自称则谓"蒙古尔坤"，"坤"人也，故土人之自称为蒙古人。但附近的蒙古人称之谓"独尔独坤"doldoqen，意为七种语言之人，并未承认他们为同族。其紧邻之番人亦未称之谓"索波"sobu蒙古人，而名之曰"喀龙"karong，"喀"为"宗喀"即湟水，"龙"为"河谷"或"河谷之人"，合之为湟水边人，与嘉龙、雅龙同，亦为该地土人之意。

近代国外学者对土族的研究，始于19世纪末。起初是由外国学者对土语方言、族源和历史、婚姻等方面内容的研究。

1841年至1846年期间，法国旅行家古伯察（Huc）与秦噶哔（Gabet）在其所著的从河北经蒙古、甘肃、青海、西康到西藏的游历《鞑靼西藏旅行记》中就曾提到过这些居住在甘、青地区的土族人。古伯察在其游记中记述到甘、青地区的土族人，认为他们是一群较为独特的群体，与当地的汉人和其他群体有着显著差异的文化与习俗等：

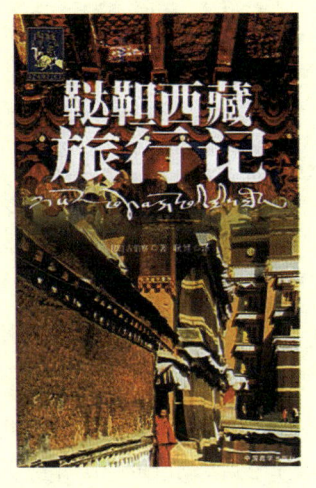

《鞑靼西藏旅行记》书影

除了甘肃的居民与中国其他人具有很大不同的特点之外，他们彼此之间也形成了一些差距甚为悬殊的类别。察罕胡尔人也可能是该省最突出的一个种族。他们占据了一般通称为"三川"的地区，即是我们的驮夫桑达钦巴（Samdadchiemba）的故乡。察罕胡尔人具有汉人的全部足智多谋和智力超群的特征，但不如汉人那样开化，也没有汉人语言中的那种文雅形式。所以他们也使其近邻们感到恐惧和厌恶。当他们认为其权力受到损害时，始终以刀剑相斗来决断。……

他们操一种特殊的语言，系蒙古语、汉语和东部藏语的混合语言。如果相信他们之所说，那么他们就属于鞑靼血统。在此情况下，我们可以说他们非常好地保留了其祖先的粗犷和桀骜不驯的特征。现今蒙古的居民却奇怪地改变了其风俗并变得温和多了。

从古伯察的记述，表明"三川"（今青海省民和回族土族自治县境内）土族地区的所谓察罕胡尔人就是他们的一种自称，不过"察罕"是土族语，意为白色，其发音和内涵与蒙古语相同，胡尔是藏语的"霍尔"之称，用于藏族对于土族的一种他称。当然，从种种证据表明，陪同古伯察游历的桑达钦巴应该就是三川地区的土族人，古伯察也提到桑达钦巴是察罕胡尔人吉土司属民。

名从主人

1959至1960年,根据中国科学院民族研究所的指示,又进行了若干专题的补充调查。据陈永龄回忆在土族地区进行了两次调查并参与民族识别的情形:

> 1958—1960年,我又参加新建的青海调查组(任副组长),主要调查土族、撒拉族、回族、藏族和蒙[古]族。青海也是个多民族的省份,伊斯兰教和藏传佛教都有很大影响。由于历史的原因,青海民族地区社会经济发展都较落后。我个人主要在土族地区蹲点调查,负责主编《土族简史简志》。在一年的调查研究讨论后,我组成员有个共识,那就是在旧社会,青海民族地区既有半殖民地半封建的社会性质,又有封建性较强的特点,不仅表现在政治、经济上,也表现在宗教生活上。对此,我们在理性上都有了较深刻、具体的了解。

在经过此次大规模调查之后,中共互助县委对第一次稿进行了审查和讨论,此外为了稳妥起见,中共青海省委统战部主持的讨论会、青海省委三种民族问题丛书审查委员会以及中国科学院民族研究所先后多次进行反复的论证和充分的讨论。

1963年印行的由中国科学院民族研究所青海少数民族社会历史调查组编写的《土族简史简志合编》(初稿)一书对土族的描述:

> 土族自称"蒙古勒"或"蒙古尔孔"(意为蒙古人),也有自称"察罕蒙古"的(意为白蒙古)。解放后,则通称为土族。

从明至清,官方和民间对于世居西北的各族的区分已经甚是清晰,汉人、土人、西番、回回等民族已经是西北甘、青地区的主体民族,族群之间的地理边界和社会边界已经泾渭分明。历代政府在西北边疆地区的治理方略,通常采取二元社会治理结构,将当地的少数族群依据与汉族的接触频繁与否,地理空间上的联系紧密以及经济活动、贸易等往来密切的程度分为"生番"与"熟番",对于他们的治理方略也不尽相同。

土司制

中国历史上历朝历代中央政府对少数民族和边疆地区的统治特意实行不同于中原内地的一种羁縻制。唐朝初、中期时，几位皇帝在思想认识上比较开明，对于周边少数民族都意存羁縻，不甚歧视。唐高祖李渊主张"怀柔远人，义在羁縻……就申好睦，静动息民"。唐太宗李世民曾说："夷狄亦人耳，其情与中夏不殊，人主患德泽不加，不必猜忌异类。盖德泽洽，则四夷可使如一家；猜忌多，则骨肉不免为仇敌。""自古皆贵中华、贱夷狄，朕独爱之如一，故其部落皆依朕如父母。"唐朝在周边地区设置了很多羁縻府、州、县。

林幹认为，羁縻府州有3个特点：其一，它所受的上级管辖机构与中原内地不同；其二，羁縻府州大多设在少数民族原来生活的地区，其疆界也是以各该少数民族的部落作为州县的范围；其三，羁縻府州向朝廷应负的政治义务很轻，但从中受到的经济利益则较多。如对于归附朝廷的少数民族来说，他们对中央王朝的"朝贡"，在经济上并没有多少负担，其形式大于内容。仅仅通过朝贡，以表明对朝廷中央的臣属关系；但在每一次朝贡中，却从朝廷中央获得不少回赐，回赐物品大多是实用的器具和珍贵的缣帛。这实际上是以"朝贡"——"回赐"的特殊形式，双方进行物物交换。

元初，为了稳定和治理民族众多而易于滋生事端的西北边疆地区，中央政府亟须一种变通的治理对策。元代时，在今土族地区主要的土官有吐蕃人李南哥、畏兀儿人薛都尔丁、蒙古人祁贡哥星吉，到明代形成李土司、西祁土司（祁贡哥星吉）和冶土司（薛都尔丁后裔）。元王朝的这种做法，是唐、宋王朝对边远地区各少数民族首领"封以官位，授以名号"的继续，通过土官管辖当地的各族百姓。这些客籍土官世代驻守该地，必然与当地各族交往密切，从而逐渐被同化。

自明至清，基本上也是延续了元朝的治边方略，继续实行"封土司民、以夷治夷"的羁縻政策。明朝的北部边防，除了大

> **知识链接** **"九边镇"** 辽东、蓟州、宣府、大同、山西、延绥、宁夏、固原、甘肃镇等。

量修筑长城外,还在沿边设置了9个军事重镇,统称"九边镇"。

明朝也在北部边疆地区设置了很多卫指挥使司和千户所,简称"卫、所"。这些卫、所都是军事建制,其设在少数民族地区的,主要是羁縻性质。对于这些羁縻卫、所,明朝任命当地少数民族部落的首领为卫、所长官,仍令其统领部众,驻居原地,从其本俗,并给以经商贸易的方便。

明朝统治者出于对巩固边疆地区的需要,制定了一整套土司贡赋、承袭的制度,这就使土司制度得以完备。所有土司,均由朝廷任命,颁发印信、号纸,承袭须经中央政府批准。政府对土司首先要征收赋役,改变了以往只征收土贡、不征田赋的状况。同时,土司必须受地方长官约束,有驻防、守御之责,随时备征调,这比以往的土酋对中央政府的隶属关系也大大进了一步。

明朝初期,朝廷将一些元朝官吏及当地一些少数民族部落首领,安置于青海东部及甘肃中部,其中有蒙古族、汉族、藏族,称为"土官",划给土地,准其扩充部落并统治其居地属民。入清以后称为"土司",经过漫长的岁月,这些土司及其部属均成了今日土族的一部分。分布在今互助地区的有祁土司、纳土司、陈土司共6家土司。西北诸土司在明代的防务系统中有着非常重要的作用,正所谓扼控西北地区、抚谕诸番的前哨阵地。

作为甘、青地区世居民族的土族,其先民最初是从事狩猎与游牧业为生计的民族。从民和三川土族地区流行的"纳顿"祭祀仪式和民俗展演中所谓的"杀虎将""庄稼其"等仪式中,充分彰显出该族

民和纳顿杀虎将

群先民从游牧生计方式向农耕生活转化的特殊时空场景。为了适应特定环境，一个游牧经济体系不只是由生产工具或经济手段来决定，同时也由其社会结构与政治组织来补足。所以，土族的土司制度恰好是逢时而生，也是符合该群体的经济生活形态的转变以及为了适应他们所处的自然与地理环境。

土司制度一旦确立之后，土司就在中央政府的认可和支持下，建立了一整套统治机构，包括设立土司衙门、监狱、土差、土兵。而据"明律"规定，各级土司还可以依据当地或本民族的习惯法订立"土规""土律"等各种法规，以确保、巩固土司的权威与统治。土司与土民的关系是与土地密切相连的。至于族属关系，土司与其属民之间可能有较大的分歧。

土司的土地本为公有制度，按照过去的法律是禁止自由买卖的。凡在土司辖区耕地的人自然就成为土司的百姓，受其统治，并按照一定的规定向土司负担一系列的纳租和服役的义务。实质上，土司在政治上是封建统治者，在经济上就是当地最大的地主，而土民就是他的农奴了。

黎小苏在《青海之土司》（1934）一文对土族地区的土司制度描述如下：

土司为封建时代之遗物，前清时甘肃改省，以各土司有捍卫之劳，无悖逆之事，仍旧设置，故今日青海、甘肃两省仍有土司制度存在。现在杂居各县，部落甚多，相传为吐谷浑之后裔。大都为元后始行归顺，乃授封改姓，世袭其职，或从回教，或同番俗，或与汉人同化。各土司之辖境大小不等，惟各不相属。其职世袭周替，名称有指挥使、佥事、同知、宣慰使、土千户、土百户等。

清道光间鲁土司后裔鲁纪勋重新修纂的《鲁氏世谱》所载的一份明万历朝的敕书，对于土官和土司的职责、管理权限有明确的规定：

敕陕西庄浪指挥使鲁光祖：自尔祖父以来，授官管束本地土官人等。庄浪一镇，咸赖保障。令尔承袭祖职，仍依先年鲁经事例，命尔管束庄浪土官、土军、家口。用心抚恤，使各得所。仍照近议，新旧挑选土军共足千名，居常会同庄浪参将，与汉军一体操练，整饬营伍，务堪防御。遇警同心协力，调遣杀贼，共保地方宁靖。一应军机重务,悉听总督、镇、巡等官节制调度。如有土人户婚、田土争讼,听尔处分。其官军更委,仍听该道查处。……尔其钦承之毋忽。故敕。万历十二年七月十三日。

明末,西宁土司李土司"所辖仅万人",东、西祁土司所辖土民"十数万人",明廷常以"土人补将校"。足见甘青土司力量强大和明廷对他们的倚重。陈永龄的《青海土族政治的演变》(1955)描述道:

> 明朝以前,青海土族的政治情况,我们现在还不清楚,明太祖(朱元璋)代替了元朝的统治以后,在青海土族地区,对授了当地原有的地方官吏(包括汉族、蒙[古]族、维吾尔族和土族,其中以蒙[古]族最多)为土司,来统治这地方的土族人民。这些地方官吏都是元朝旧臣,在明初陆续归附明太祖的。土司是世袭的(关于土司制度的起源、官位、等级等可参考《明史》土司列传)。青海土族地区的土司制度一直维持到民国以后,到1929年青海建省设县才完全取消。

知识链接 陈永龄 (1918—2011),中国著名民族学学者,历史学家。中央民族大学民族学与社会学学院教授、博士生导师。1918年生于北京(原籍江苏淮阴)。1941年毕业于燕京大学社会学系,1947年毕业于燕京大学研究员社会学部,获法学硕士学位,曾师从著名教育社会学家吴文藻先生。主要著作有《民族学浅论文集》《中国民族学史》(英文版)、《二十世纪前期的中国民族学》(合著)、《论中国民族学在新时期面临的新课题》《新疆现代政治社会史略》(合著)和《我国是各族人民共同缔造的统一的多民族国家》等。其中,《民族学浅论文集》一书囊括了陈先生大部分的著作和学术成果。

陈永龄等人结合杨应琚编纂的《西宁府新志》对土司的记载,认为青海土族的土司都是由明、清相沿下来的,完全是武职土司,在西宁卫所东部驻屯;而且土司的成分包括有汉族、蒙古族和维吾尔族。

僧官制

除了土司制度之外,土族地区还有另外一种政治管辖制度,即僧官制。明王朝对西北少数民族的统治办法有两种:一种是用

佑宁寺

其酋长为卫所长官,世世承袭;一种因其土俗,建立寺院并赐僧侣封号,通过宗教治理当地人民。明朝时,土族地区修建了很多藏传佛教寺院,明成祖授给宗教上层人士如寺主、活佛等印诰,认可他们的社会地位,他们往往"欺凌贫民"。从清朝康熙朝开始,官方意识到宗教的重要影响力,对于信仰藏传佛教的藏、土、蒙古等民族实施"因俗以治"的统治政策,沿袭土司制和僧官制的双重管理体制。

僧官制度中的僧官俗称"昂锁",是一种在土族地区藏传佛教寺院的总管的官职名称,可以世袭,并有寺院的封地和属民。土族地区的土司制度、婚俗、丧葬习俗以及土族历世活佛和宗教制度等,较有特色的譬如土族地区的"尕日哇"和"诺彦"等,不同名号的宗教管理方式较为特殊。其中"尕日哇"的首领为昂锁,藏语,即管理宗教事务的头人,多由俗人担任,父子世袭。"诺彦"一词为土语,汉语叫官儿,由父子或父女世袭其职,辖有百姓和土地,为寺院收交布施,拥立活佛等事务。

明朝末年,西藏地方势力在青海土族地区建立了寺院(佑宁寺,又名尔郭隆寺,称为"湟北诸寺之母")。寺院的建成与当地土族13个部落的努力支持是分不开的,这13个部落的头人后来便由西藏达赖喇嘛封授为土官,管理寺院附近地区的事务。土官也是世袭的,这些土官不是明、清封建王朝所封,他们并不受土

> **知识链接** 13位土官由于其所承担的职司和僧俗身份的不同，一般分为6类：第一种"昂锁"，多为俗官，共3个，规定父子世袭，但凡遇到世袭困难时，兄弟中的喇嘛者也可以承袭。第二种"杨司"，一般只有一个，为俗官，父子世袭，管辖百姓和土地，其辖地在今互助土族自治县西桦林。第三种"官尔"，有两个，即巴洪和沙瓦，都是俗官，父子世袭，辖有百姓和土地。第四种"尼日湾"（藏语称为"红布"），只有一个，是藏族，亦为俗官，父子世袭，辖有百姓和土地。第五种"丞尔哇"，皆为僧官，共有3人，规定只能是师徒世袭，辖有部分土地。第六种"博勒混"，共有3人，其中有一名是藏族。

司的管辖。土官制度也是1929年青海建省设县时才完全取消的。

据陈永龄等人在《青海土族政治的演变》一文中记载：

在过去的历史年代中，互助县土族十三部落，每隔一二年就要给西藏贡献布施，"博勒混"就是献送布施的领队代表，都是俗官，父子世袭，但并不管辖有百姓和土地。以上十三名土官中只有两名是藏族，其余十一名都是土族，说明在明末时代土、藏二族在互助、乐都一带杂居的情况。

但凡封有土官的土族地区，大多是封建王朝势力较弱的地方，却是寺院宗教势力较强的地方。从整个土族地区的情况可以判断，土司在土族地区有着较强的权势，而土官管辖的百姓和土地相对较少，权势较小，社会地位也较低。

尽管1930年以后，土官的社会地位已经不同于往日，土官和普通百姓并无两样。但是从寺院方面来看，仍旧承认这些土官旧日的地位。陈永龄认为，寺主与寺院关系的联系，一直到新中国成立时依然未变。

土司制的式微与改土归流

随着中央政府权力的增加以及其实力的巨大膨胀，对于少数民族以及边疆地区实行的封土司民的"土司制"基本上持否定态度，因为地方政权或地方势力的崛起及存在，对中央政府始终是一种潜在的威胁。所以，在中原以及汉族地区行之有效的"流官制"最终取代被统治者仅仅作为一种权宜之计而不得不为之的封土司民的治理模式,便是一种不可逆转的趋势。

清代雍正年间发生在西北的罗卜藏丹津反清事件（1723—1724）和清末咸丰、同治时期甘青地区的撒拉族、回族起义（1860—1867），在一定程度上削弱了甘青地区土司的势力。清王朝平定叛乱后，废除了撒拉族的土司制度，而土族土司有的迁居西宁，不敢袭职；有的逃往藏区，自动放弃世代相传的封建特权。到民国初年，土族16家土司只剩8家。

民国时期，西北民族地区改土归流的原因有以下几点：一是土官的残酷剥削和压迫，阻碍了社会的发展；二是部落制的逐渐解体和地主经济的发展，严重地打击了土司制度；三是清代在部分地区改土归流，严重地削弱了土司的势力；四是改土归流也是在土司与地方政府之间日益尖锐的矛盾之下产生的。

经此变故，土族土司的权力也极大地被削弱，其职责也已经发生变化，主要是一些行政性事务，如征税、派差以及行使司法

青海民国时期土司统计表（西宁、乐都、民和土司）

县别	土司职衔	清时职衔	土司姓名	管辖范围
西宁	指挥使		祁昌寿	千五百四十户
	指挥同知		李沛霖	百余户
	指挥佥事		汪长发	百余户
	指挥使	指挥使	纳延年	二百余户
	指挥佥事	佥事	吉树德	九十户
	指挥使	指挥使	陈受玺	百余户
乐都	土百户	土百户	李长庚	百余户
	指挥同知	指挥同知	赵永龄	三百余户
	指挥同知	同知	阿成栋	三百余户
民和	指挥同知	同知	李长年	四千余户
	指挥同知	同知	初贵玉	一千余户
	指挥佥事	指挥佥事	冶鼎	百余户
	指挥佥事	指挥佥事	甘锺英	二百余户
	指挥佥事	指挥佥事	朱庭佑	一百余户
	土百户	土百户	辛裕后	百余户
	指挥佥事	指挥佥事	喇光耀	百余户

权,土司的土兵人数大大减少。据记载:1930年,土族土司势力最大的祁土司辖土民1 054户,男女大小共计6 031人,有寺院4座,僧40余人。军队方面,有土千总1人、土把总2人、马兵50人、步兵100人。

土司的规模及设置在各土司中有一定的差别,但土司都是本部族的酋长,又代表封建政权行使其对该部族的管理权,辖区内的兵、刑、民、财等行政、司法、军事大权均由土司掌握。土族地区土司的管理机构设置如下:

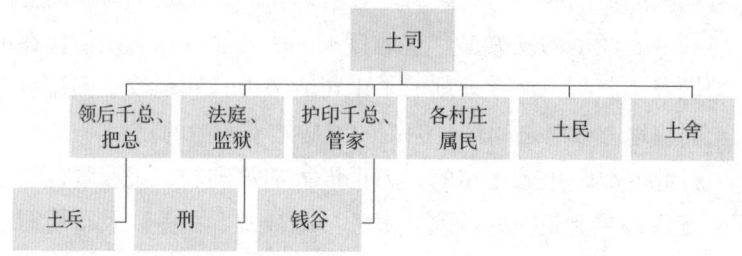

辛亥革命推翻清朝以后,在西北地区存续了几百年的土司制度赖以安身立命的政治基础不存在了。民国成立后,改西宁办事大臣为青海办事长官,1913年,改为蒙番宣慰使,1915年又改为甘边宁海镇守使,隶属于甘肃省政府。民国元年,甘肃省议会提议实行改土归流,但是议案没有获准通过。但是土司制度的存废已经成为社会各界讨论的焦点,因而不可避免地要迎来被废除的一天。近代中国政治演变及其进展,使得土司制度的存废已经没有了悬念,剩下的只是这种制度究竟能延续多长时间的问题。

1926年西宁县农会会长蔡有渊要求甘肃省政府废除土司制度,由他出面向甘肃省政府呈控土族土司李沛霖等8家,省政府曾令西宁行政长官林竞会同教育厅长马鹤天查办此事。林竞等建议:"令饬西宁县布告土民,对于国家应尽义务,以后与汉回人民一律平均负担。一面通派员绅指导土民不再受土司之重叠压迫,以为自动请求改土归流之计划。"(《民国二十年八月十三日蒙藏委员会咨文》)并希望土司"自动请求改土归流"。这一建议曾由甘肃省政府核准施行。此后,土民纷纷自动请求脱离与土司的关系,然而,由于种种原因,废除土司一事被暂时搁置下来。

1929年青海建省,土族土司制度仍然存续。西宁县长陈宗汉

"将所有差徭直接向土民派收，各土司均无异议"；陈并向青海省政府建议取消土司制度。

1929年青海世袭土司李承襄、祁昌寿、纳守业、吉树德、汪吉祥、李沛霖、祁钦恩、赵永鳌等具名《青海省土司李承襄等呈请将土司制度另易名号不轻事改革文》一文，呈报南京国民政府蒙藏委员会，请求保留土司制，并要求"体令前勋，注销旧案"。此事一经新闻媒体曝光，立即引起全国开明人士与新闻界的关注，并引发土司制存废问题的讨论与热议。

1930年设立互助县和西宁县，在一定程度上分明已经威胁到了从明初沿袭至清末的土司制。青海建省前夕，土司虽然很多都名存实亡，但是原来的土地剥削并未减轻，反而加重。因有些土民地区已归各县政府管辖，又多加了一份差徭负担。如马鹤天对1927年青海土民承受的双重负担如此描述："碾伯西宁等县各土司治下之人民，大半租其土地，如农奴之于地主。又照例每年借婚嫁丧祭之名，任意摊派。现在各县又令土民与汉民平均担负差徭，不啻两重负担。"

青海省国民政府以马麒主席名义，向南京国民政府呈递《青海省政府咨请蒙藏委员会取消青海土司呈文》，要求取缔土司制度。1931年，土族土司李承襄等迫于民众及地方政府的压力，分别呈请国民党政府蒙藏委员会及青海省政府，"将土司制度另易，并将土兵改编"。青海省政府遂正式呈请国民政府"明令取消青海省土司各职"。

1931年8月，南京国民政府通过"明令撤销土司一案"的决议，下令撤销土司制。土司制度被废除后，土司原来管辖的百姓、土地，一律由县政府直辖，农民直接向大仓纳粮。随着保甲制度的推行，为了清理原土司属民地产地权，于1935年后，青海省政府在土族地区清丈田亩，换发地契。有的土司（如祁土司等）原先土地甚多，出不起丈地款，便放弃地权，改为由谁种地谁出丈地款并领地契。于是，原先租种土司土地的广大属民，由此取得了地权，成为有耕地的自耕农民。这是土族历史上一次规模较大的地权转移。自此，在中国历史上存续了几百年的治理少数民族与边疆地区的"封土司民"的土司制最终寿终正寝。

第四章
民族区域自治与语言变迁

在土族群众聚居地区的互助县成立"土族自治县"有着极为重要且积极的示范效应,使得广大群众能够深入地理解我国推行民族区域自治的重要理论与现实意义。

语言是构成一个民族共同体诸特征中继承性很强,而且是较稳定的因素。语言和习俗的传承相对比较稳定,从土族的语言传承和习俗演变可以发现族际接触与民族融合的部分例证。

民族区域自治

自治县沿革

1949年9月12日，中共青海省委决定中国共产党互助县委员会正式成立，委员会由吴正夫（汉族，任职年限1949年9月—1952年4月）、雷鸣（汉族，1949年9月—1952年8月）、向进元（汉族）、安生瑞（汉族）、冯志清（汉族）、张发芝（汉族）等6人组成。吴正夫担任书记，雷鸣担任副书记兼组织部长。从互助县成立之初的县委领导人选可以看出，这时的干部配备都是汉族，出身于革命军人、知识分子、革命干部等，尚未配备民族干部。

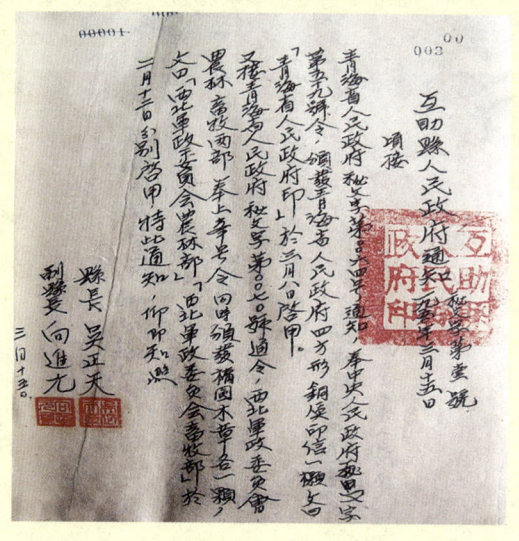

"互助县人民政府印"启用通知

1949年9月县委设组织部、宣传部。1954年3月增设秘书室、民族工作部。1955年民族工作部改称统战部，增设监察委员会。在建立县委领导机构的同时，成立了区一级党的委员会。从进驻互助县的中国人民解放军中选派干部任5个区的区委书记。1951年1月29日，经青海省人民政府批准，互助县划为8个区，1952年又划为12个区。1956年10月18日撤区并乡，全县12个区、69个乡镇合并为29个乡镇。1958年8月30日，撤销乡建制，组建为5个政社合一的人民公社。

新中国建立初期，各地方政府已经充分关注本地区的民族和宗教问题，其中民族团结问题更是重点关注的事情。

1950年7月24日发布了互助县《社会民族问题一般情况》调查报告，表明新中国建立初期，如何配备一定比例的民族干部已

互助土族自治县县城掠影

经引起中央政府和地方政府的高度关注,这个问题在民族杂居或民族聚居地区尤其关键,必须要引起重视。在互助县各级干部配备中,从县级、区级、乡级干部的配备比例中选拔了一定比例的少数民族干部,已经充分考虑到民族地区的政府管理中发挥各民族干部的作用的重要性,这种做法也恰好为今后实行少数民族区域自治奠定了基础。

从1949至1950年前后一年左右,互助县少数民族人口分布的情况:回族人口共计2 439人,主要分布在该县的二区和平乡,有330余户,共1 700余人;三区甘沟门、邵家台、中岭、岗冲、三庄子约百余户,共700余人。藏族人口共计8 732人,主要分布在该县的除二区的加定乡、四区巴扎乡为藏族地区外,其他零星分布于白马、维新、边滩等乡。土族共有39 274人(该数字记录有较大误差,在《互助土族自治县志》中记载的数据为20 957人),主要分布在一区毛荷乡,二区维新、上寨、白马、泰源,三区兴泰,四区除巴扎乡外全区都有分布,五区(城关区)的丹麻、东山、广化、塘巴等16个乡。另据1950年互助县人口统计数据,全县总户数25 961户,总人口147 558人,汉族是互助县人口最多的民族,绝大部分居住在县城附近或沿河两岸的川水、浅山地区。全县人口排在第二的是土族,主要分布在五十、东山、东沟、丹麻和威远镇(互助县城所在地)一带;藏族人口排在第三,主要分布在巴扎、加定、松多等3个藏族乡;回族人口排在第四,主要分布在高寨、双树、西山、和平、甘沟门(和平和甘沟门后来被划归大通县管辖)等乡。实际上,因为新中国建立以来互助县的行政区划几乎经常处于变动之中,上述土、藏、回等少数民族在互助地区的分布情况也有较大的变动。其中，人口和分布区域变化较大的是回族聚居的乡，例如曾于1954年12月16日，经青海省人民政府批准，将大通县第八区（包括隆旺乡、丰稔上乡、丰稔下乡）划归互助县管辖；将互助县第三区（包括长宁乡、清水乡、浑水乡、新政乡、苏家堡乡、峡门乡）划归大通县管辖。1956年8月18日，经国务院批准，将回族居住较为集中的高寨乡、和平乡和朱家口、上鲍堡、韩家山、下宋家等乡村划归西宁市管辖。

1950年7月20日至23日，互助县召开第三次各族各界人民代表会议，出席会议代表139名，代表的产生主要采纳如下三种方式：第一，大部分代表是经过民主选举产生；第二，少数代表是推选出来的；第三，个别代表是由干部指定的。其中会议代表的构成包括：

农民代表各乡一名，手工业代表各乡一名，妇女（劳动）代表各乡一名，教育界代表各区二名，青年代表各区二名（青年代表年龄十八至二十五岁），回民代表：一区一名、二区四名、三区五名，番民代表：一区一名、二区五名、三区一名、城关区一名、四区四名，土民代表：一三区各一名、二区六名、城关区七名、四区二名，寺院代表：佑宁寺三名、松藩寺一名、却藏寺一名、甘禅寺一名，民主进步人士（士绅代表）各区二名，商人代表全县六名，医药界代表全县三名。

互助县第三届各族各界代表会议报告（互助县档案馆馆藏文书）

从参会代表名额的分配中主要包括各区代表所从事的职业分布、民族成分，其中民族构成主要涉及回族、藏族和土族，然而，此时尚未进行民族识别工作，所以民族称谓也是以民间各族之间的他称来称呼，但已经凸显出民族构成在参政议政等政府重大决策活动中发挥出一定的政治和社会影响力，少数民族精英和宗教界人士被吸纳并参与到新中国的政治决策和各项建设工作中来，这是党的民族工作的一个伟大创举。

1951年，中央访问团来到青海，会见了土族人民的代表，转达了党中央和毛泽东主席对土族人民的关怀和慰问，宣传了民族政策，并赠送慰问品，这给土族人民以极大的鼓舞。土族人民还与青海各族人民一起组织参观团到祖国各地参观访问，受到热烈欢迎；参观团还到北京见了毛泽东主席，土族人民更加增强了对党和伟大祖国的热爱，加深了与兄弟民族人民的友谊。

1952年10月，经中央人民政府内务部批复，在互助县建立乡一级的峡门回族自治区、和平回族自治区。1952年6月8日，经青海省人民政府批准，成立互助县北山藏族自治区，首任主席马占彪（藏族）。

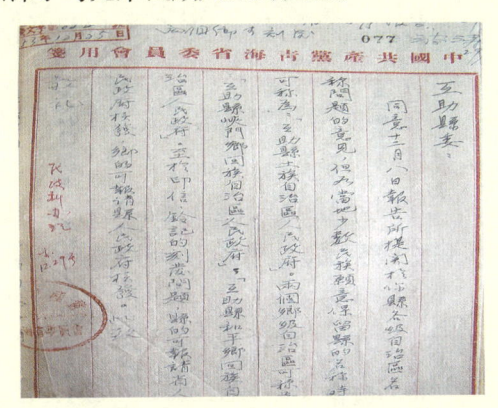

青海省委关于互助各级自治区名称问题的批复（互助县档案馆馆藏文本）

1953年10月13日，经青海省人民政府批复，同意在互助县设立加定、巴扎、松多3个藏族乡。1953年成立了甘肃临夏大河家回、保安、撒拉、土族联合自治区（区级），其中包括今天的民和三川地区。

为了更好地贯彻和落实党的民族政策，党和政府有计划地大力培养土族干部。据统计1952年互助县举办了干部训练班，参加训练班的147名干部中，就有81名是土族干部，特别是通过土地改革运动的教育和锻炼，许多积极分子都参加了共产党和共青团，到1953年互助县已有土族干部103名。

1953年7月16日，互助县选举委员会成立，张进仁（土族）任主任。自1953年10月3日至1954年2月，分两期开展普选工作，登记选民83 689人，本次选举选出互助县人民代表219名。1953年10月5日至9日，召开第七次各族各界代表会议，与会代表146名，决定成立"互助土族自治区筹备委员会"，张进仁任主任。"土族自治区筹备委员会"成员名单包括：张进仁（土）、李厚斋（汉）、向进元（汉）、牛却生（藏）、鲁士成（土）、曹淑芳（汉）、白玉祥、席承信（土）、董秉德（藏）、李尔元（土）、松清明、马文学（回）、马冬梅（回）等。

民族区域自治始末

1953年12月8日，互助县委向青海省委打了申请成立各族自治县的报告，青海省委经过研究并上报中央，于1953年12月25日由中共青海省委批复同意成立，并做了关于自治区名称问题的批复："互助县委：同意十二月八日报告所提关于你县各族自治区名称问题的意见，但考虑当地少数民族意愿，保留县的名称可称为'互助县土族自治区人民政府'，两个乡及自治区可称为'互助县峡门乡回族自治区人民政府''互助县和平乡回族自治区人民政府'等等。"

1953年10月5日至9日，召开了互助县第四届三次各族各界人民代表会议，此次会议参会代表共有146人，其中汉族代表77人，土族代表24人，藏族代表14人，回族代表8人，内有妇女代表23人。

1954年2月14日至21日，互助县首届人民代表大会第一次会议召开，出席代表211名，选举张进仁（土族）为主席。1954年2月17日，互助土族自治区人民政府（县级）成立，上万名群众参加了庆祝大会。大会同时向中共中央和毛泽东主席发了致敬电。1954年12月16日，经青海省人民政府批准，将大通县第八区（包括隆旺乡、丰稔上乡、丰稔下乡）划归互助县管辖；将互助县第三区（包括长宁乡、清水乡、浑水乡、新政乡、苏家堡乡、峡门乡）划归大通县管辖。

在土族群众聚居地区的互助县成立"土族自治区"有着极为重要的积极的示范效应，这也是深入贯彻和落实党的民族政策的一个有利契机。借助党的宣传工作，积极向各族群众广泛传达和解释新中国各族人民平等团结的新型民族政策，使得广大群众能够深入地理解在我国推行民族区域自治的重要理论意义和现实意义。

新中国建立初期，围绕着在互助县是否成立土族自治区的问题，各族各界展开了激烈的思想斗争，无论是干部还是群众，都有较大的认识上的分歧，甚至就连一些土族干部和群众都有较大的畏惧或怀疑的态度，因为普遍文化水平较低，所以产生群体自卑心理也是必然的。中央和地方政府也密切地关注上述这些动向，在经过充分的调查与了解之后，适时地提出了一些针对性的举措，这些举措以及加大在群众中广泛地宣传我党的民族政策和党的共同纲领中有关实行民族区域自治的思想，也在一定程度上澄清了群众对于民族区域自治政策的模糊认识，并纠正了部分干部的错误思想。

互助县成立土族自治区的报告原件、青海省委的批复件（互助县档案馆馆藏）

1954年成立了互助土族自治区（1955年按照宪法规定改称自治县）和民和官亭、中川，大通逊让、宝库4个土族乡。后来民和、大通又各自改为回族土族自治县。1955年6月13日至17日，互助县第一届人大召开第二次会议，出席代表176名，在会上将"互助土族自治区人民政府"改名为"互助土族自治县人民委员会"，选举张进仁（土族）为县长，李厚斋（汉族）为副县长。此次选举结果经青海省委决定并经由西北局批准，向进元任互助县委书记、张进仁任县长、李厚斋任副县长。

1963年9月24日至29日，互助土族自治县召开县五届一次人代会，与会代表156名，列席72名，在此次会议上审议通过了《互助土族自治县自治条例（草案）》，并选举产生了21名委员组成的五届县人民委员会，祁明荣（土族）当选为县长。

1987年6月28日，互助土族自治县第十届人大第一次会议审议通过《青海省互助土族自治县自治条例》，该条例于1988年4月20日经青海省第七届人民代表大会第二次会议批准颁行。该条例对于自治地方、语言使用、干部配备比例、自治地方与国家的关系等相关议题作出了明确规定。

人民代表大会的召开和互助土族自治地方的建立，是土族人

互助土族自治县 ▶

民的大喜事,也是各族人民的大喜事,各族人民政治热情空前高涨,人民代表大会期间,各地各族人民送来了贺幛、贺信、贺电100多件,祝贺自治地方的建立。在自治地方正式成立的那一天,全县沸腾,威远镇人山人海,锣鼓喧天,土族代表用传统礼节向新当选的政府负责人献哈达,汉、藏代表按照当地习惯把一条条的红黄绫子斜披在他们身上。土族群众甚至用甘青地区特有的传统民歌"花儿"来抒发他们激动的心情:

毛主席好比个红太阳——朝霞的光

照到了土族的地方

互助建成了自治区——安下了家

毛主席的恩情难忘

五月的牡丹开花了

绿叶儿配给(者)俊了

区域自治建成了

各民族结成个绳了

20世纪50年代初,互助土族自治区成立之初,土族人口仅占全县总人口的13.5%。土族自治地方的建立,充分体现了党和国家对土族人民享受平等权利的充分尊重。其他地区的土族,因区域太小、人口较少,不适宜建立自治地方,但是也都先后建立了民族乡,如青海省民和县的官厅土族乡、中川土族乡,大通县也建立了两个民族乡。

土族语言变迁

土族语属阿尔泰语系蒙古语族。现代土族语，分互助、民和、同仁等三大方言区，青海互助、大通、乐都和甘肃天祝等地的土语属互助方言，互助土族语方言区又分为哈拉直沟、红崖子沟、那龙沟、大通四种分支方言，各个方言之间只有语音的微小差异。青海民和及甘肃积石山等地的土语属民和方言；同仁土族语属阿尔泰语系蒙古语族河湟语群同仁土族语，同仁土族语分两种分支方言：其一是年都乎、郭玛日、尕沙日、保安下庄等几个村庄的土族所操的阿尔泰语系蒙古语族河湟语群的土族语；其二是吴屯上下庄和加查麻所操的桑格雄语，这种语言句子中夹杂有汉语、藏语和土语的一种较为特殊的语言形式，它属于黏着语。

土族历史上没有文字传世，一般使用汉文、藏文。1979年创制了土族文字，结束了土族没有文字的历史，新的土文目前在互助方言区进行推广使用。

语言学家罗常培、傅懋勣认为土族语近似蒙古语，并把土族语列于阿尔泰语系蒙古语族中，他们认为土族语和蒙古语的关系是密切的。20世纪50年代，前苏联语言学家托达叶娃（Todaeva B）在土族地区经过一番调查后，认为土族语中保存着其他蒙古语里已经消失的13世纪到14世纪蒙古语的特征，并受了汉藏语言的影响。

土族语同源词比较

土族语和同语族的蒙古语、达斡尔语、东乡语、保安语、东部裕固语在语音上有明显的对应关系，在词汇上有很大数量的同源词，它们之间具有更多的共同性。在现代土族语里保留了一些古词，这些古词见于古代蒙古语，但是现代蒙古语不用了。土族、蒙古族在指称事物时的联想对象和比喻的方式，也是有明显的差别的，甚至在现代蒙古语里已经失去了的一些原有的词语却保留在土族语言里，并被土族人民广泛地使用着。例如：

古蒙古语	语义	土族语
石儿格（华）	醋	serge
酸直（华）	讥笑	sonji
土儿麻（华）	萝卜	turmaa
豁儿豁孙（秘）	羊粪/驼粪	hurghoosi
好温勒（秘）	跑	hauli–
升只列（秘）	链子/索链	hinjir
失勒古惕（秘）	寒战/颤抖	xirgudi–
计斯格（武）	破/土坯	jisga

贾晞儒认为，在今天使用的土族语言里还有相当数量的词，跟《华夷译语》《蒙古秘史》等一些古文献里的一些蒙古语词的读音、意义是一致的，都是同源词，但在现代蒙古语里却已经消失了。照那斯图指出，土族语里与同语族语言有同源关系的词，在意义上同现代蒙古语比较，大致有以下3种情况：（1）词义相同的，占多数；（2）词义不完全相同，或者用法有所不同的词也很多。（3）词的具体意义不同，但在所表达的概念上有一定的联系。

《青海土族社会历史调查》一书记载：

1953年10月、11月，我们曾亲自到了土族聚居的青海省互助县和民和县的三川两个地区，对于土族的语言做了初步的了解，在互助县所调查的341个基本日常词汇中，有165个词汇是与蒙族语相同或相近的。百分比约占48%强。土语与蒙语的语序大致一样，由此我们可以看到蒙语与土语的关系是密切的。

土族语中除了蒙语词汇之外，还有其他民族的语言融合在土语当中，在我们的基本词汇记录中发现了一些藏语和汉语。藏语在互助县土语中多一些。藏、汉两族的一小部分词汇也成了土族语言不可缺少的一部分。

语言是构成一个民族共同体诸特征中继承性很强，而且是较稳定的因素。因此，它可以作为一个民族共同体变化、发展和确认一个新民族共同体的族源的重要依据之一。照那斯图指出，在现代土族语中有大量语词与同语族其他语言有同源关系，这些同源词在语音和语义上的关系大多数是很明显的。

土族语	蒙古书面语	东乡语	保安语	东部裕固语	达斡尔语	词义
bu	bi	bi	b]	b]	bi	我
taavun	tabun	tawuan	tavoN	taaw]n	taaw	五
taa-	taΓa-	ta-	taa-	taa-	非同源词	猜
tan]	tani	tani-	tani-	tan]-	taN-	认识
ken	ken	kien	kaN	ken	x]n	谁

美国学者凯斯·斯莱特（Keith Slater）在《土族语语法》（2003）一书中指出，土族语、保安语、东乡语、达斡尔语、东部裕固语、蒙古书面语、布里亚特蒙古语等阿尔泰语系蒙古语族各分支语言间有相当数量的同源词现象。

红色（red）					
土族语	保安语	东乡语	达斡尔语	书面蒙古语	布里亚特蒙古语
Fulaan	fulaN	xulan	xulaan	hulaΓan	ulaa:N
谁（who）					
土族语	保安语	东乡语	达斡尔语	书面蒙古语	布里亚特蒙古语
[kæn]	kaN	ki]	Ken	ken	x]N

他认为，在土族语发音中的［f］是由蒙古语中的［p］发展演变而来，从最早的蒙古语中的"p"在其分支语言中经过了不同程度的语音衰变，遵循如下的变化途径：p→f→h→∅。

在《青海土族基本情况摘要》（1955）中对于土族语的描述如下："土族语为阿尔泰语系蒙古语族的一支。蒙语成分占重要地位，另外吸收了不少汉语和藏语。一般事物名称，多采用蒙语；宗教名词多采用藏语；亲属称谓，受汉语影响较深。"

20世纪50年代初的土族社会历史调查中，反映出两种不同的意见：

关于土族将来创造或使用其他文字的这件事还需要慎重考虑。土族语言既然是蒙语族的一支，那么土族究竟是应该单独创造文字呢？还是使用统一的蒙文呢？这要看蒙语与土语的距离到底有多远？这需要全面地进行科学的调查研究。如果土语与蒙语的标准方言距离很远，是可以考虑另行创造文字的。

1956年夏，少数民族语言调查组分赴全国各地少数民族地区进行语言调查工作，其中第五调查队——调查研究蒙古、达斡尔、东乡、土族、保安等族语言。1956年按照内蒙古自治区人民委员会的决定，协助进行蒙文的改革工作；提出达斡尔、土族文字方案；调查研究东乡、保安族语言，为1957—1958年提出文字方案做准备工作。

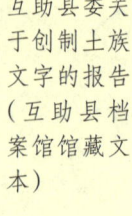

互助县委关于创制土族文字的报告（互助县档案馆馆藏文本）

1956年10月，互助土族自治县委作出"关于创造土族文字的决定"。

1979年6月完成了以拉丁字母为字母形式，以《汉语拼音方案》为基础的《土族文字方案》，并在1987年的北京专家会议上讨论通过获颁实施，该方案首先在互助土族自治县土族群众中加以试行。

1981年，青海省人民政府第104号文批复了《土族文字方案》（草案），并指示"作为实验方案，先在互助土族自治县慎重推行"，并上报国家民委审批。该方案采用26个拉丁字母表示土族语里12个单元音和26个单辅音。在实验推行过程中，培训土语师资，编写了土语教材和相关工具书，并在互助县选择了部分小学开始实验教学。

20世纪80年代以来，国内学术界出版了一些有关土族语言研究的成果。主要有：中国社会科学院民族研究所照那斯图著《土族语民和方言概述》《土族语简志》，清格尔泰著《土族话语材料》、孙竹编《蒙古语族语言词典》、哈斯巴特尔编《土族语词汇》、互助县原语文办编《土汉对照词汇》、李克郁编写的《土汉词典》等等。然而，从调查中发现，在全球化的今天，土族语言的使用范围呈现出缩减趋势，新创的土文的使用也出现了严重滑坡的现象。学术界对于少数民族新创文字在现实中的实践及其发展前景也有不同的看法：一种观点认为，作为民族的一种多样性

《土族语词汇》书影

文字符号和标志，应该保留和保护新创文字。土族新创文字对于民族文化的保护与传承还是有用的，可以用于土族历史文化的研究及土族民间文学或古籍整理，在互助、民和等有母语的地方可以适当继续推行和使用。另一种看法是，学习土族文字会阻碍学生学习汉语和英语，必须考虑到民族发展与生存的需要。

土族语借词研究

现代土族语中仍然保留有大量的外来借词，各类借词占有很大的比重。土族语中有汉语借词、藏语借词、突厥语借词等，其中数量最大的是汉语借词，其次是藏语借词，突厥语和其他语言的借词不多。土族语互助、同仁方言中有比例较大的藏语借词，民和方言中则显示有较多的汉语借词，汉化的程度较深。高丙中曾从语言学、宗教信仰和风俗习惯等方面对土族接受汉藏文化影响的广泛性加以论述："对于一个在他民族的包围之中形成的民族，其语言可能出现两个特点：一是本民族语言包含大量外来词；二是双语或多语的使用。土族是在汉族和藏族的环绕地带逐渐形成的，我们也可以从这两个方面来看其语言与汉族和藏族的联系。"

凯斯·斯莱特（2003）指出土族语中存在一定成分的语言借用现象，如土族语中的数字的表达方式部分与蒙古语相同，但也有少部分与汉语中的数字发音相近。如土族语的数字 nige "一"（汉语拼音 "yig"）发音相近；而 ghula "二" 却是蒙古语的词根。斯莱特认为，汉语对于土族语的语言使用过程中的影响是较为显著的。民和土族语方言中的一些动词表述就是汉语借词，例如土族语 mula "to think"（思考）；shangliangla "to discuss"（商量）；dawenla "to enquire about"（问询）；tongyi ge "to agree"（同意）；yangjila "to beg"（请求，祈求）；chengrengla "to agree"（同意，赞同），等等。

土族与藏族、汉族长期杂糅相处，土语中必然要夹杂着汉语和藏语的很多词汇，特别在亲属称谓方面，原来土族的亲属称谓较为简单，汉族的较为复杂，土族后来渐渐吸收了汉族的一些称谓来充实自己。由于土族和藏族都信仰藏传佛教的缘故，且与藏族杂居相处，宗教用语一般都通用藏语文，土族语中也势必融入

《李克郁土族历史与语言文字研究文集》书影

《甘肃土人的婚姻》书影

部分藏语借词。前苏联语言学家桑席叶夫说:"土族语形成过程中有部分汉藏借词,使得它与蒙古语有所不同。他认为,13世纪初,处在青海地区西宁城东北的那些部落,失去了跟同族人的联系,跟其余的蒙古人分开了。这些蒙古人的语言,或如他们自称蒙古尔人的语言,处在汉藏语言的包围之中,并受到强烈的影响。无论是在大量的汉藏借词方面或是在保存古词方面,都跟其他的蒙古语截然不同。"

土族语中的汉语借词按借入时间可以分为老借词和新借词。土语中的汉语老借词因为借入时间较早,发音固定,某些语音适应了土族语的语音系统。土族语中的汉语新借词因为借入时间较晚,某些语音的读音不稳定,往往随说话人的年龄、性别及懂汉语的程度不同而有所不同。汉语借词的语音方面,同土族语的语音系统、语音规律相适应而发生的重要变化有两个特点:一是元音在开音节里一般都变为相应的长元音。

汉文化对于土族文化的影响,在民和土族的婚礼曲和祝酒歌中可一窥端倪。如婚礼曲《十样景致》:一人一马关云长,二朵梅花陈杏元,三战吕布见貂蝉,四大名山巧鲁班,五子夺魁窦燕山,六郎行兵到四川,七子八郎郭老汉,八洞神仙蟠桃园,九牛二虎苟家滩,十字当街王宝钏。此外,在民和土族地区普遍流传的纳顿节日庆典仪式中的"四将"(刘备、关羽、张飞、吕布)、"五将(刘备、关羽、张飞、吕布、曹操)"等傩祭面具舞蹈,所表达的就是"三英战吕布"的故事,隐约可以看到三国文化对于该地区的较大影响。

土族语中含有大量的藏语借词,尤其在互助方言和同仁方言中表现更加明显。同仁"吴屯"土族地区的土族语里有大量藏语借词,村民一般在内部交流用本族语,对外则一致使用安多藏语或汉语。互助松多、五十等乡土族因为与藏族杂处,所以,他们的语言中夹有藏语借词。土族因为宗教信仰与藏族相同,即藏传佛教,所以在宗教方面的用语大多借自藏语。此外,互助、同仁等地土族与藏族之间存在着一定规模的族际通婚,因为通婚而自然造成部分婚礼中的赞歌和婚礼曲共享,因而形成土族语中大量的藏语借词。

许让神父提及土族婚礼曲中有部分藏语歌曲的情形:"土人

们都喜欢唱结婚曲子。所唱的都是当地方言中所没有的，并且他们普通所唱的大半是西藏曲子。有一个不常听见的是蒙古曲，这曲子的来源是关于一只神秘的鸟，名叫 Chongning。"许让神父提到的这首较为罕见的关于神秘鸟（翔尼娃）的故事，就是土族群众中家喻户晓的叙事长诗《拉仁布与吉门索》的爱情悲剧。

陈永龄、宋蜀华等人指出土族语中融有部分藏语、汉语的词汇，是典型的融合语的特点。

在我们去甘肃省临夏专区东乡族自治县调查东乡族社会情况时，把东乡族的基本词汇做了语音记录。东乡族和保安族的话也做了对照，又和土族的互助县土语对证了一下。这几个民族的语言都有一部分是与藏语相同或接近的。

经粗略的比较，在341个词汇中，东乡语与保安语相近的共有131个。语序基本相同。互助县土族语与东乡语相近的词汇共有84个，语序基本相同。在人体、动物、形容词、动词方面相近的颇多。三川土族语与保安语相近的词汇共有168个，语序相同。

从1982年印行的《土汉对照词汇》所收词数来看，全书收词4 444条，其中汉语借词619条，占13.92%；藏语借词283条，占6.36%。而土族语词汇中竟然有85%的蒙古语同源词。

从土族语的同源、借词研究发现，区域性的语言环境，即该区域的民族关系和语言关系，对民族语言的使用和发展有着制约作用。制约区域语言关系的因素是多方面的，如政治、经济、人口及其分布、社会发展水平、民族关系、文化教育、民族心理、宗教信仰等，有时多种因素综合地、不同程度地影响着语言关系。譬如在一个多民族杂居的社区里，类似民和、同仁土族地区，其中民族人口的数量多寡对语言使用情况有着决定作用。一般情况下，社区民族人口不仅是民族生存发展的一个重要因素，也是一个民族语言使用功能大小的制约因素。在跨区域或跨民族的交往中，我国的语言关系呈双向、互动的架构。

费孝通谈到类似土族、保安族、裕固族这样一些处于民族走廊里的一些人口较少民族，被夹在汉、藏、蒙古、回等人数较众的大民族之间，处于大民族边缘之间的群体的生活境遇与文化遭遇，他们往往处于大民族之间的边缘地带，受到外来的影响很深。

《土族婚礼歌》书影

第五章
土族的信仰与宗教

土族在与汉、藏、蒙古等多民族的互动中,也在文化上受到这些民族的一些影响,从而发生部分涵化。多民族杂居地区的民族关系是否融洽、能否和谐共处,与中央和地方政府如何正确处理、引导宗教信仰和民族区域自治政策的完善与否有着密切联系。

藏传佛教

土族主要的宗教信仰是藏传佛教，藏传佛教在土族的政治经济生活中有着重要地位。喇嘛是土族中的一个特殊阶层，不必劳动即可得到比一般人更高的享受，一般人家都有将儿子送去当喇嘛的风习。人们的一生大事如婚、丧、疾病等，以及一年的节日生活都与藏传佛教有关系。同时与农业生产有关的防治水旱虫灾等，处处都是寄托在藏传佛教的信仰和巫术的信仰上，他们的经济生活也是与寺院有不可分的关系。马希元的《青海互助县土人调查记》（1934）对于土族信仰的宗教记载如下："土人信仰佛教，每一户中，兄弟有二三人，必择一清类者，送入寺院为僧。"土族聚居的人口众多的地方通常会有较大的寺院，每村都会有规模不等的或大或小的村庙。《土族简史》（1982）记载：

土族群众信奉喇嘛教，和藏族一样，普遍送子为僧。有不少土族男子除了到土族寺院当喇嘛外，还到塔尔寺等寺院为僧。民和三川土族到塔尔寺当喇嘛的尤多。被称为艺术珍品的塔尔寺酥油花的制作者，除藏族喇嘛外，还有土族喇嘛。其他寺院中的土族喇嘛也擅长做酥油花。

1958年前，互助地区共有佛教寺院15座，除松多乡的尕扎寺和巴扎乡的甘冲寺属宁玛派寺院外，其余均属格鲁派。据不完全统计，1958年前，互助县境内共有僧侣665人，其中宁玛派教徒11人，大小活佛44人。大通地区的寺院有平安寺、松布尕寺、祁家寺、诺木齐寺等；民和三川土族地区的寺院有朱家寺、文家寺、章嘉寺、赵木川寺、白家寺、赵家寺等；甘肃省天祝地区有天堂寺。

同仁土族地区处于安多藏区藏文化的

《青海土族社会历史调查》书影

同仁五屯土族村——郭玛日塔顶泥塑艺术

核心地带，当地土族的宗教信仰的氛围更为浓郁，典型的一村一寺一庙的模式，而且寺院的规模都很大，僧众较多，藏传佛教的势力也最大。同仁"五屯"（四寨子）土族地区因受到藏传佛教影响较深，所以形成了一村一寺一庙的寺庙格局。其中以吴屯下寺、年都乎寺、郭玛日寺的规模较大，尤以吴屯下寺为最盛。

明朝末年，青海一带地方由于藏传佛教的影响而被西藏地方政府归入其势力范围。当时聚居在互助县一带的土族共有13部落，都已经信仰了藏传佛教。但是该地区尚未有寺院，只有13个"喀尔卡"（喇嘛所居之地，与百姓混在一起），久之甚感不便。13个部落经过商议派13位代表（皆为本部落头人）于明朝万历三十年（1602）前往西藏拜见四世达赖喇嘛云丹嘉措，请求派人监修佑宁寺，事成后13位代表返回互助，他们被西藏地方政府封为土官。这些土官与佑宁寺有着密切的关系，类似于寺主与寺院的关系。明朝万历三十二年（1604），在今互助土族地区兴建了被誉为"湟北诸寺之母"的佑宁寺。藏传佛教格鲁派传入青海土族地区以后，逐渐凌驾于萨迦、宁玛和噶举派之上，其势力得到迅猛发展。

清朝统治者在征服内外蒙古，统一中国的过程中，深知藏传佛教作用之大，关系到对蒙、藏的统治和边境的安全，对于藏传佛教优遇之隆，较之前朝更甚。清康熙二十六年（1687），五世达赖弟子青海佑宁寺法台章嘉呼图克图因参与调解漠北喀尔喀蒙古札萨克图汗和土谢图汗的纠纷，得谒见康熙皇帝，从此章嘉呼图克图留住北京，朝廷为章嘉在北京修嵩祝寺，后又在多伦诺尔为他修建善因寺，并让其主持漠南蒙古的藏传佛教，宣扬佛法，章嘉呼图克图也成为格鲁派四大活佛的转世系统之一。二世章嘉呼图克图受封灌顶国师称号，为清代唯一得此封号的喇嘛，荣邀恩宠。清雍正二年（1724），佑宁寺因青海蒙古和硕特部的罗卜藏丹津反清事件的牵连而被焚毁，但又于雍正十年（1732）被清廷拨款重建。藏传佛教传入土族社会并渗入社会的政治、经济和文化教育以及人们日常生活的各个方面，也产生了双重影响：一方面它成为束缚人们的精神枷锁，钳制和阻碍了土族社会的人口繁衍、经济繁荣和社会发展；另一方面却使土族地区的寺院成为文化传播的中心，一些土族的高僧成为当时的知识精英，他们通过著述与宗教实践，对加强土族、藏族、蒙古族、汉族与裕固族、达斡尔等民族之间的有效交流与文化互动，起到了一定的作用。

佑宁寺与名僧

佑宁寺始建于明神宗万历三十二年（1604），藏名Dgon-lung byams-pagling，即郭隆慈氏洲。清雍正元年（1723），青海蒙古和硕特部罗卜藏丹津反清叛乱，僧众附逆，寺毁。雍正十年（1732）佑宁寺复建，赐名佑宁寺。据说佑宁寺极盛之时，僧众一度达到6000多人的规模，成为安多地区的第一大寺。另外，由于佑宁寺的供养与厄鲁特蒙古部有关系，实际上在湟北的大通河流域建立了一个政教合一的统治制度。

佑宁寺被称为"湟北诸寺之母"，在青海的大通、互助、乐都、化隆、门源一带的藏传佛教寺院，大都为佑宁寺的分支或属寺。新中国成立前，属佑宁寺管辖的寺院共有49处。佑宁寺属寺中属土观昂的寺院有华严却木藏寺、馒头寺、金刚寺、章嘉寺、马蹄寺、嘉样寺和扎兹寺等7座；属章嘉昂的寺院是鲁加哇寺；属松布昂的寺院有天门寺、马营寺、山城沟寺、红卡尔寺、平安寺、松布尕寺等6座；属却藏昂的寺院有却藏寺、夏琼寺（化隆

佑宁寺全景远眺
▼

修葺一新的佑宁寺大经堂

县)、扎藏寺(湟源县)、白马寺(海南州贵德县)、乃曼寺(甘肃肃南县)、却藏苏木寺(新疆维吾尔自治区焉耆县)、夏日苏木寺(新疆维吾尔自治区靖县)等。佑宁寺除了与其5位转世活佛所属寺院关系极为密切外,与湟中的藏传佛教格鲁派圣地——塔尔寺也渊源颇深,佑宁寺的很多年轻僧人往往会到塔尔寺学习经文。佑宁寺的活佛体系由5位活佛及其分支组成:土观囊(nang,即"昂"、"家"或"佛"、"呼图克图")、章嘉囊、松布囊、却藏囊(在今互助县南门峡乡有其主寺,即却藏寺)、王囊等。佑宁寺活佛章嘉和土观在蒙古地区有较大的影响力,对于汉、满、蒙古、藏、土、裕固、达斡尔等民族间的民族团结卓有贡献。

佑宁寺的"观经"

罗卜藏丹津事件之后,佑宁寺在每年的阴历正月十四、六月十四等日,皆有跳神之举,寺周数十里民众,多往观之。跳者着彩衣,戴神面具,依乐队音节舞蹈,主持率高僧诵经。约自午间起,至傍晚止。最终则置一炒面人,以黑布裹之于舞队中,剖腹抽肠而割裂之,以表示魔鬼消灭之意。世俗不察,以为年羹尧结怨番僧,恨入骨髓,特创此"斩年"之举,以咒诅之。佑宁寺每年农历正月初二日下午至十六日上午,举行正月祈愿法会,其中正月初八日和十五日为观经日,有跳欠、晒佛等佛事活动。六月初二日下午至初九日上午举行纪念释迦牟尼初转法轮的六月法会,初八日为观经日。

> **知识链接** 喇嘛们经念毕以后，一个护法神箭的喇嘛从正殿中走下场来，他双手又挨着神箭，颈中缚紧了哈达，开始发神……跳神接着开始，先在场中堆起几十担馍馍；殿中吹出一阵呜呜的莽筒声，跟着戴黄鸡冠帽的喇嘛走下殿来，唢呐、皮鼓响个不停，4个白衣骷髅的Gol（小鬼）下了石阶，绕着馍馍堆舞蹈起来，随着鼓钹声疾徐进退。半小时以后，换上13个穿龙袍，左手执人头壳，右手拿哈达匕首的Lonchunba，下来绕场舞蹈，久之锣渐停，舞者进殿。

◀ 佑宁寺的正月"观经"仪式

自从罗卜藏丹津之乱后，被称之为"湟北诸寺之母"的佑宁寺的属寺和僧众规模再也没有达到之前的鼎盛状态。大通的广惠寺（又名法海寺）完全被焚毁，其次受损较重的为佑宁寺，其他青海大小寺院多被焚毁。所有经堂、僧舍、圣塔及经典也被殃及。却藏佛、丹麻禅师等名僧被杀。显然，这次事件给青海的藏传佛教寺院以致命打击。清同治年间，佑宁寺再次毁于战火，寺内喇嘛只剩下70余人。光绪时，土观活佛得清廷敕命修复佑宁寺，喇嘛人数逐渐增至五六百人。新中国建立前夕，佑宁寺有喇嘛290人左右。

民间道教多神信仰

民和三川土族除了藏传佛教信仰外，还有多神信仰的习俗，如属于道教体系的"二郎神"信仰有着广泛的信众基础，每年设有特殊的节日如"纳顿节"等，从三川土族的多元信仰来看，宗教信仰方面明显地受到了汉族文化和宗教的影响。

二郎神信仰

民和、同仁等地影响深、流传广泛的又有二郎神信仰。此外，道教的阴阳、风水、看宅、选坟茔的阴阳师，财神和门神以及灶神信仰等，都是道教影响的遗俗。在地方神的装脏仪式中，法师要唱"莲花曲"，迎请诸神。法师是集唱、舞、乐一体的巫，又是民间艺人。其中如二郎神、四郎神等都是道教系统的诸神。民和土族深受汉地道教的影响，民间有多神崇拜习俗。

二郎神是民和三川土族农村社区最为信奉和虔敬的神灵，除了在宗庙里供奉着他的神像外，各村的村庙里也都供奉有他的神位，本地人出门或外出打工首先要祈求二郎神的护佑。该地区二郎神的泥像平时供奉在宗庙里，每年有两次出游。第一次是从四月初一至五月十四日，叫作"浪群庙"（即游群庙）；第二次是从七月初一至八月底的各村庙会期间。

> **知识链接** **装脏** 每年二郎神的浪群庙仪式结束之后，还要"装脏"一次，即去掉二郎神泥像腹内的旧的脏腑而换上新的，通常是一只麻雀、一只喜鹊、一条蛇等。装脏一般由各个村庄每年按照一定的次序轮流进行。

同仁土族地区也有二郎神信仰习俗，如年都乎、郭玛日等村每年冬天举行特有的民间"於菟"驱邪仪式，首先要在山顶的二郎神庙前广场举行仪式；此外保安下庄和尕队之间也有一座二郎神庙，据说在远近享有盛名，当地人都说在二郎神庙打卦非常灵验。

於菟祭舞

每年农历六月份是同仁热贡地区的民间祭祀法会"六月会"，会期一般为3天，年都乎村的"六月会"第一天先在本村神庙敬神和请神，这个神庙就是二郎神庙。二郎神庙建在村后的高岗上，坐西面东，三间神殿，门前有广场，设有煨桑炉，立有旗杆。庙里供奉的二郎神像颇有特点：三只眼，头戴文官双翅官帽（以上与汉地同），身穿土族式（藏式）长袍，脚穿云子纹长筒靴（上下身已民族化），前立二侍者，一人手托一塔（将托塔李天王幻化为侍者),另一人手持一壶酒(嗜酒,民族化)。至于二郎神的"啸天犬",则不见了。从二郎神塑像可以看出,在民族发展互相交融的过程中,"二郎神"的形象也逐渐民族化、地区化了。另外,从当地人供奉二郎神庙,也可以看到四寨子土族人与内地的渊源关系。从同仁地区的民间祭祀仪式和多神信仰的现实,我们不难猜测,这一地区在历史上是多民族迁徙与多文化持续频繁接触的交通孔道,也是甘青民族走廊与藏羌彝多民族走廊的交错与叠加地带。

九天玄女娘娘

九天圣母娘娘信仰

九天圣母娘娘,其全称为"九天威方太乙圣母元君",也是三川地区多处供奉的神祇之一。她的村庙分布在悟释、先丰、团结、民主、峡口、陈家山、杏儿、前河等地。其总庙是峡口的桑布拉庙(总庙与其他庙并无隶属关系)。九天圣母娘娘虽是一位女神,但是据民间传说,她的道行、法术以及威力却胜过其他神祇。这位女神的来历,可以追溯很远的历史。《诗经·商颂·玄鸟》曰:"天命玄鸟,降而生商。"据说玄鸟与商人的祖先有关系,商族崇拜玄鸟,故有此说,后来玄鸟又化身为玄女。由是观之,此时的玄女尚未脱离鸟形,俨然是一位半人半禽的女神,且有法力。不过,后来在道教的传说中已经发生变异,以"人首鸟形"转变为女神仙。其故事叙事也产生转型,不再是传皇帝战法的女神,而是皇帝之师圣母元君的弟子。九天圣母娘娘庙里规矩非常严格,女人和身上不洁的人不得进入庙门。

其他供奉

中川的鄂家、宋家、陈家、赵家等村庙,供奉的地方神是摩劫龙王。草滩祁家供奉的锁劫龙王,全称"花果仙山水帘宝洞锁劫大帝"。其形象犹如中国家喻户晓的神话小说《西游记》中的红孩儿的原型，红脸红袍，童子像，脚踩一对风火轮，这原本是甘肃永靖县炳灵寺中的一尊神像，被韩家山的麻布匠带到中川来的。一直流传下来的遗俗是，每逢祁家庙在"装脏"（定期给地方神更换内脏）龙王时，一个约定俗成的做法是必须请韩家山的法师。还有幸家庙、甘家川庙等供奉的是青石宝山河池龙王。马家庙、王家庙供奉的是青石宝山黑池威灵龙王。此外，在不少村庙里，多有供奉两尊或三尊神祇的，桑不拉庙除供奉着九天圣母娘娘外，还供奉有韩宝山水草大王；下排沟、赵家、八大山、面草沟、魏家山等村庙都供奉有九天玄女和摩劫龙王；甘家川、聂家堡、牟家寺、隆布等地的村庙供九天玄女和河池龙王。也有的村庙里除了供奉有龙王外，还供有本姓祖先，譬如官亭秦家的"秦五十八老倌"，鲍家的"铁别荻荻"（藏族爷爷）等。还有山神、土地神等也是各村普遍供奉的地方神之一。

祖先崇拜和自然神信仰

由于甘、青地区较为特殊的多元文化与多元宗教的特点，使得土族文化的形成也是经受了多种文化成分交融、互渗、杂糅、汇聚的过程。土族民间信仰的突出特点是多源、杂糅和多元，表现在除信仰藏传佛教外，还有信仰萨满、道教、财神、灶爷、山神、土地神等。互助土族人居住较多的村子一般有小喇嘛庙，除供奉宗喀巴、达赖、班禅等佛爷外，还供奉有民间普遍信仰的一些神佛，如德松桑吉、尼达克桑、丹木煎桑等诸多山神、护法神等。

同仁地区的"六月会"由一系列民间信仰的仪式所组成，有献祭、驱邪、祈祷、舞蹈、祈福等娱神仪式，也有部分村庄有一些村民自娱自乐的节目。六月会期间会祭祀多种神祇：从地域来源分为藏区的神和汉地的神两类。其中藏区的神分为3种：山神系列，如阿尼玛卿山神、阿米夏琼山神、阿米年钦山神、大日加山神及阿米德合隆、阿米拉日山神等；此外，还有龙神、赞神等。汉地传入的神主要有二郎神和文昌神。

民和三川土族民间信仰比互助地区更为复杂，其受汉族的影响更多。他们除了信奉藏传佛教外，还信仰道教的一些神、阴阳先生以及巫师等。同时也崇拜祖先。所以在村中,至少有一所小庙,庙内供有道教的神,这些神中最受百姓欢迎的便是二郎神。此外,民和土族的另一特点,是每村都有同姓聚居,每个村子都有一个共同的家庙,此庙与上述的小庙有所不同,供奉有释迦牟尼、宗喀巴的像、观世音菩萨。由全家族共请一位喇嘛,为寺早晚烧香。家寺内供奉一位祖先的木牌位。在供奉祖先的家庙中,有时也要请喇嘛念经,或请阴阳先生做道场,完全是一种佛道合璧的信仰。

庄学本在20世纪30年代对青海土族地区宗教信仰进行考察时记载:

土人对于护法神箭信仰很深。护法:有"五台护法","牛头护法","羊头护法"等名称。他们家中都供养着一个护法,他们有对于Lamason"骡子天王",也相当信仰。骡子天王是一位青面獠牙丑陋的神道,骑着一匹青骡子。他在喇嘛教中,并没有很高的地位。此外,他们对于大鹏鸟,十二个天神,也都相当的敬礼。

土族的纳顿与祭祀仪式

大年初一早上,土族人家的男人们都要到村子附近的大山顶煨桑,首先祷告"腾格里"(上天),然后才祭拜各路神佛;在正月初一凌晨迎神仪式中首先祷告的也是"腾格里",祷告老天保佑家人四季平安、风调雨顺、家业兴旺。其次才祷告家神保佑平安,一年风调雨顺。

土族人认为万物有灵,并且自然万物都有生日。如太阳的生日在农历三月十九日,这一天某些土族村庄都有不同形式的祭祀活动,祭奠太阳。例如东沟姚麻村组织村里男人到对面的大东岭举行祭祀仪式,煨桑,放风马,放生一只羊或一只鸡。

土族赞歌以短小、明快的节奏赞美世间万物,而在这些赞词中出现次数最多的就是太阳、阳光这两个词语。

天上转动金色法轮,
那不是法轮是太阳,
太阳就像金色的法轮。

天上太阳不升起,
大地昼夜分不清,
有了阳光多温暖。

在土族人民的原始宗教观念中,腾格里主宰着宇宙万物,决定着人的吉凶祸福。他们认为,腾格里不仅至高无上,威力无穷,而且富有灵性,有求必应。出

土族人祭祀天神、山神的"拉什则"

于对腾格里的敬畏,土族人在很多庄重、喜庆场合以食品敬献给腾格里为最高礼仪,掐一点食物向空中抛洒3次,用无名指蘸一点酒向空中弹指3下,对腾格里的崇拜,是祈盼腾格里的庇护和保佑。阳光和光明同在,崇拜太阳,敬重阳光,是土族心中不变的信仰。

民和土族有祖先崇拜的遗俗。每家每户都有自家的神龛,里面供奉着先祖或家神。每逢初一、十五及重大节日和特殊时刻,定要焚香、祭祀,家中长者带头磕头膜拜。土族本无家谱,据传由于三川土族中有从山西、南京、甘肃、四川等地迁来的汉族,后来融合同化到土族,这些前移民的后裔沿袭中原或内地汉族的习惯,一般有家谱世代相传,也影响当地原先的世居土族村民,从20世纪80年代开始掀起立家谱的风气。此外,三川土族村庄基本上都是同姓聚居,村名也是以家族姓氏命名的居多,每村都有一个共同的家庙,家庙内还供奉有许多佛教和道教的神像。在供奉祖先的家庙中,有时也要请喇嘛念经或请阴阳师做道场,完全是一种佛道合璧的信仰组合。

"家神"信仰与"猫鬼神"禁忌

互助、民和等地土族除了在家供奉有财神、灶神、门神、天地君亲师、菩萨等以外,每家还供奉一位特殊的家神,作为一家的护佑者。家神是与人关系最为密切的"朝夕相处"的神。所供奉的家神中有祖师爷、灶君娘娘、白马天将、金丝绵羊(即羊头护法、羊头人身)、牛头护法(是阴阳的祖师)、丹煎他母爷、他母爷等。其中,丹煎他母爷和他母爷都是喇嘛神,平时将神像卷起,旧历除夕时展开,供奉到正月十五日再卷起。

土族人家也有门神和财神信仰,也有在腊月三十下午在每家的大门和门庭等处都要张贴绘有隋唐人物"秦琼"和"敬德"画像的门神和"钱马"(土语,黄表纸做的符,意为驱邪镇宅)。同仁吴屯土族春节时各家都贴对联和门神,年都乎、郭玛日贴藏文对联较多,但不贴门神,明显有别于吴屯。

土族人家家都供灶神,他们的灶神信仰与汉族的有所不同。汉族一般张贴刻印的灶神像或书写灶神之神位。土族人家一般在厨房的墙上一块两尺高一尺长的黑墙上用黄泥抹上,这里就是灶神的神位,然后在泥上点一点白点,泥下放有供板,专门用于放置供品。一般在阴历的腊月二十四日这天送灶,土族人家通常有吃饼(油饼),自然也要供奉饼给灶神享用。送灶一般由家里的主妇来进行,忌讳尚未出嫁的女儿参与,祭灶的饼女儿家也不能吃,怕是忌讳"嫁出去的姑娘,泼出去的水",自家的财运与福气被带到婆家去,有散财之嫌。

供奉有喇嘛神的人家必须有出家当喇嘛的人。对于家神除了初一、十五烧香点灯和年节上供外,每隔3年还有一次烧纸大祭。大祭时,必须请法师跳舞请神,点香烛、烧黄表纸等。其中赵木川村民的烧纸祭仪与其他地方有所不同。

家神的信仰与祭仪

赵木川村民烧纸祭仪是每年一次。祭仪时,请法师跳舞请神,俟其跳神疲倦后,还要由家中妇女3人接着跳。此3人中有一人为主,且这人必须是本家人,两边作陪的人可以是外家人。跳到狂热时,女人要做出许多怪态,表明是与家神发生关系。这种祭神的仪式,到每年的旧历十月初一以后,赵木川的土族村民便要家家举行。跳神家的亲戚都要给法师送粮,称为"马西"。

"猫鬼神"信仰遗俗

"猫鬼神"信仰在互助县红崖子沟、东山等地土族都有,估计可能也是家神信仰的一种变异。家神的主要职责是保护家庭平安、发财致富,在某些场合下还充当战神和财神的角色,家神和家神可以发生战争——先决条件自然是两个家庭为仇家,这两个仇家互相放咒、动刀动枪,家神作为某一家庭的保护神,也参与这种争斗。然而家神参与仇杀诸事,并不在家神之间进行,而是家神和人之间,各为其主。

家神的另一职责是守卫自家的财富,有时也会从别人家里转移财富。比如某家的某件物品,莫名其妙地到了另一家,这便是家神拿来的。民间传言,家神能拿的一般都是无字的、不是十分珍贵的东西,它拿不动金银,但却十分贪心,譬如针头线脑、米面、酥油、扫帚、背篓等也是家神从别家转移到自家的物品。类似的故事在互助的土族和汉族中广为流传,但是很多人都说是"猫鬼神",却几乎没有人亲眼见识过它的真面目。

土族人家奉养"猫鬼神"的意义,在于护佑家宅、驱凶逐疫以及与有敌意的他者或家族抗衡等,甚至民间有"猫鬼神"害人的说法,最重要的这是一种自我与他者区分的方式,因为"猫鬼神"祸害的都是外人,自己人一般不会有事的。"异己"是指那些外民族、不同族群或外村、其他家族的人们,也许会对自己有着潜在危机或威胁的人和物等,都是"猫鬼神"警惕和对付的对象。恐惧和潜在的敌意使得"他者"不敢轻易进入、侵入自己的领域或属地,这可能是土族部分地区家族热衷于"豢养""猫鬼神"的目的。

巫师与阴阳师

土族地区所谓的"法拉",就是男巫。他通常被认为是村民与他们所信仰的神灵之间的媒介和必不可少的中介。成为这种俗

世与神界中介的"法拉",一般并非本人意愿,而是由于某种机缘而被神所选择或挑选。下面记叙的是老法师夏吾南加的传奇经历:

当时我很年轻又没有经验,被师傅选中后第一次举行"六月会"仪式,在"开山门"(即一种法师血祭诸神的仪式)时,不慎在自己的额头砍出很深、很长的伤口,血流不止,竟有一脸盆多,当时地方政府和村干部非常害怕闹出人命。我草草拿煨完桑的灰土抹了抹伤口,到了第三天伤口已经结痂、愈合,当我再次出现在下庄"六月会"仪式上时村民十分畏惧和敬服,大家都认为我命大,这是神的庇佑和旨意。

这次事件之后,同仁县保安下庄的土族法师夏吾南加名声鹊起,初步奠定了在巫界的地位。"法拉"在土族社区有着非常重要的地位和作用,他常常被村民请去跳神或占卜,村民十分敬畏他所代表的"神灵"。一般在每村的庙中都有一个甚至两个不事农事而专事占卜求雨等民间祭仪的"法拉",他们的宗教活动繁多,在土族人民日常生活中似乎不可或缺。

土族的法师

还有一种"法师"即女巫,是由男人装扮。在请神时要穿上百褶裙、系腰牌等,法师的请神方法和"法拉"基本相同,但是法师不需要在身上插签子。他们只能请黑马祖师爷以及各种家神而不能请其他的神。法师因为不能插签子,在一般土族村民的眼里认为其法力不如"法拉",所以对他的信仰也逊色于"法拉"。法师不是每村都有,而是有的村子可能有两三个,而有的村子一个都没有。互助土族民间信仰红教,红教喇嘛被称之为"钵伯子",他们没有寺院,只在家里为人念经占卜,过世俗生活,与民和等地的阴阳先生相仿。

土族阴阳师与汉族地区的阴阳师相同。他们的祖师是"真武祖师",即所谓"北霸天教主",主要职能是给村人合婚、算卦、看日子。当地的习俗，凡村民盖房子、选坟茔，也要请阴阳师看风水。结婚时，娶亲的贵人、新娘面向的方向以及应该躲避的人的属相等都要一一请阴阳师算出。

萨满教遗俗——"孛"

土族先民信奉萨满教。土族地区的萨满信仰从形式上考察有所变异。萨满一般都为男性，但从扎长辫、穿裙子等装束来看，仍然保留着最初的萨满以女性为主的身份特征。在当地的一些民间仪式和民间重大宗教活动中，都有萨满的现实代言人——法师。法师的法术高低，是经年累月的经验和反复操演的结果；也有因患疾长年不治，偶因天机或巧合，忽然天目顿开，身体康复而成为法师的。互助土族法师男扮女装。头缠黄布，身着黑袍，外套色彩艳丽、无袖、下摆四边开衩的女式长裙就是例证。

互助县土族称萨满为"孛"（土语），相传土族中最早的"孛"是妇女担任的，民和三川土族聚居区则已使用佛教上的汉语名称——法师。"孛"举行的宗教仪式称为"孛孛拉"，此语中的"孛拉"是个动词，第一个"孛"便是专用名词。这组词翻译成汉语的意思是"巫师所举行的跳神仪式"。这种跳神仪式便是孛的雏形。根据传说故事，很早的时候，神和佛抢占山头，"勃"（即孛）骑的是鼓，"佛"骑的是袈裟，占领山头后，神把山头让给了佛，而佛又让神到各地区居住，于是各地都有跳孛的活动。

> **知识链接** 互助土族地区"孛"民间仪式的时间和各村的情况如下：东沟乡大庄村、五十乡柳家村是在农历二月二；东沟乡姚马村，威远镇崖头村、纳家村在农历三月三；丹麻乡松德村在农历三月十三；丹麻乡索卜沟村在农历三月十八；东山乡大羊圈村、吉家岭村在农历四月八；五十乡巴洪村在农历五月初四；丹麻东家村在腊月初八。

"孛"的传人自称为神教，仪式中诵读的经文用汉语诵读。跳"孛"的法师以家族世袭制为主世代传承。其形式，是喜神娱神的庙会，主要神灵为"娘娘"和"龙王"，蕴含着敬畏自然、崇拜自然意识，展示土族人试图协调人与自然的关系，并进而协

诵经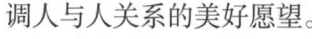

击鼓祷告

调人与人关系的美好愿望。

"孛"起源于萨满，古代每个氏族都有自己的萨满，按其"神通"大小各司其职。萨满早期并非世袭，而是由具有萨满特殊品质的人（或许是指有感悟及舞蹈才能者）经过领神仪式后就任，后来改为传承世袭。萨满法师有一定的活动范围，他们被固定的某些村落或家族邀请举行祭神禳灾祛病仪式。法师多数不是职业宗教人员，除举行仪式外几乎与俗人无别。"孛孛拉"一般在三种情况下举行：一为定期举办的地区保护神庙会；二是因遇到灾难曾向某神许愿而得到"保佑"时举办；再则是因家人患病不愈祈求神灵驱鬼治病，而多数是在第一种情况下举行的。

跳神场所一般在庙内或附近场院。供奉龙王或所信仰的神祇轿子、神坛或庙宇，燃灯点烛，煨桑焚香。场中竖立神幡，幡高3丈3，暗喻33天，下埋尺八，寓意十八层地狱，幡杆顶部横置一把木制两齿叉扬，齿尖各戳有一大馒头，如日月经天。固幡绳上拴有装"五色粮食"红枣、花生、核桃、糖果、小馍馍等的小包，俗称之为"梁蛋子"。绳上饰以用黄纸剪成云纹、水浪、连环等花样的纸幡。祭祀过程中扯开"梁蛋子"时，百姓争抢馒头等物，一如古典戏剧中争彩楼抛下的招亲绣球一般。俗谓得馒头者来年可生"状元郎"，得"梁蛋子"者，也能沐浴神恩，吉祥如意。

跳神法师人数不定，头戴道人黑色方式瓦帽，身着黑色长袍（于此可见道教的影响），外套红马甲或下摆开四衩的女式裙衫，

东沟乡姚巴村"孛孛村"仪式现场

腰束红带。有的法师仍有萨满古风，装扮成女性，头上装有假辫子，束有护法牌子。法师跳神时使用的法具（乐器），是一种土语称作"坑格嘎"的单向扇形羊皮鼓，鼓有柄。装饰3个小铁环。在跳神诵经时击鼓发出"梆梆"声响（俗称跳神庙会为"梆梆会"即指此），随鼓点缓急表演相应的舞蹈动作，有的地方鸣锣打镲。

东沟乡姚巴村"孛孛村"仪式现场

这种分布在互助土族聚居地区的"biangbiang"会，从法师的穿戴、服饰打扮以及手持羊皮鼓等加以考察，就是土族在古代从事游牧生活时期的萨满教遗俗。但是从庙里供奉的神像，如龙王神以及庙里墙壁上的壁画，可见这一部分土族群体已经深受汉文化的影响，其中汉地道教的多神信仰非常明显，类似于汉族地区流行的"青苗会"的形式。无论是其庙会的功能，还是从庙会举办方的初衷来看，都受到汉地道教信仰的极强影响。

在民和土族地区也有类似的"孛"民间信仰活动，这种跳"孛"仪式，在村落仪式层面上主要在农历九月九祭祀酬神村落

第五章 土族的信仰与宗教 097

保护神时进行，在家族层面上由于要解决事由的不确定性具有随机性，但有些酬谢家神的活动多安排在冬季进行。

其他崇拜与仪式

孛尔斯纳顿

互助土族自治县的红崖子沟和五十乡的个别村庄保留着一种古朴的、鲜为人知的民间"虎崇拜"祭祀活动，即"孛尔斯纳顿"。据说，新中国成立前在今互助县东沟乡、东山乡、丹麻乡等地的土族村庄，就有类似"孛尔斯纳顿"的虎崇拜祭仪，且每年举行，但现在已经基本上绝迹了。

"孛尔斯纳顿"的表演，一般在每年正月初三到初六这几天内。"孛尔斯"是土族语对"虎"的称呼，"纳顿"在土语中是"玩"的意思。"孛尔斯纳顿"即为"耍虎"，含有驭虎驱邪之意，当地汉族群众亦称此活动为"送白虎"。

村民们正在往用胡麻草装扮的老虎身上插点燃的香

在举行送白虎仪式之前，先由村民们表演土族婚礼仪程。婚礼程序和假扮新娘、伴娘的服饰与互助地区举行的正式婚礼服饰相一致，只是3位猎人的服饰及扮演富有个性，显得非常奇特，特别是3位猎人所戴的帽子，与蒙古族戴的帽子很相似。扮演者的着装，婚礼习俗的再现，幽默滑稽的表演，胡麻草装扮的老虎及驱邪纳吉的宗教仪式，使"孛尔斯纳顿"的习俗妙趣横生，热闹异常。

3位装扮好的猎人头戴的尖尖帽，高约40厘米，是在一顶草帽的顶上用红纸圈成圆锥形而成，脸上用锅灰绘上胡子并局部涂黑，还戴副用土豆削成的眼镜，反穿皮袄，脚穿毡靴，身背铁叉枪，上挂兔皮，象征狩猎身份。从他们的这些装扮，可以判断他们是外来人，特别值得注意的是他们头上的圆筒帽，与蒙古人的红缨帽相似。

▲ 装扮的三个求婚者

开场时，男女老少聚集在"送白虎"的人家里，热炕上坐着几位德高望重的老人。天刚黑，两位猎人领着一个年轻猎人前来求婚。

▲ 提亲场面

几经周折，老人们最终还是允诺了猎人们的提亲。娶亲时，两位猎人换装，头戴白毡帽，身穿白褐衫，打扮成娶亲的"纳信"。扮新娘的男子头戴黑边毡帽，穿五彩花袖衫，用一水红色方巾罩面，两个小伙子打扮成伴娘，显得惟妙惟肖。

▲ 两个伴娘服侍下的"新娘"

在阿姑们唱起婚礼歌，跳起"安召"舞的时候，猎人终于如愿娶走了土族"新娘"。之后举行送白虎仪式。一人将胡麻纤维做成的虎皮披在身上扮成虎，入室驱邪逐疫，尔后虎在众人驱赶下奔到大路口，众人卸下虎皮焚烧。

"鸡蛋会"

互助土族地区还有一种集娱乐、祭祀于一体的传统庙会，叫

鸡蛋会

"鸡蛋会",一般为农历三月初三、三月十九或四月初八举行。听老人们说,鸡蛋是圆的,寓意太阳,是土族人一种独特的祭祀太阳神的方式。庙会之日,土族群众要携带大量鸡蛋,到寺庙赴会,给龙王轿神、九天玄女娘轿神等献牲,并请来"孛"(即萨满法师)诵读经文、跳神舞,为人畜消灾除祸,保佑年景丰收。

这一天逛会的男女老少都拿着煮熟的鸡蛋,祭祀结束,大家相互碰鸡蛋,鸡蛋叩碎者为输。有些地方活动结束之后把蛋壳收集于村庙或近处寺院中,认为这样可以免除今年的冰雹之灾,人们认为打碎了很多鸡蛋,冰雹神得到了数不清的供品,高兴了,就不会给人间降下冰雹了。这种习俗曲折地表达了人们敬畏天、躲避雹灾的心理。

每年农历九月很多土族村庄的庄稼已收割完毕,粮食入库。

法师敲着单面羊皮鼓在表演跳法舞

村民开始抬上龙王神轿和神箭，带着炊具碗筷，到村外的某个山顶举行答谢活动。到山顶后，庙官和老者们齐齐跪在龙王神轿前祷告，感谢龙王和众神保佑，使庄稼获得了丰收。为答谢神恩，"特肉其"们（庄民们）还牵来一只羯羊献给龙王。其时，一面给羊身洒上洁白的牛奶，一面向龙王神轿祷告，如龙王神轿向前一倾，羊浑身一抖，表示神已喜纳。献完牲后，"特肉其"们将其宰杀煮熟，分与在场的众人食用。

土族村庄每年都要举行祭青苗等法会，举行法会就要有法师。法师不脱离生产，授徒传承，尊奉护法神、龙王、娘娘等，以跳神驱邪为主要活动。法器有羊皮桃形鼓、锣钹、左拧的麻鞭。行法时身着对襟长袍马褂，头戴黑法帽和圣牌法冠，以念咒、算卦、驱魔逐鬼、招魂禳解为主。法师其实仍是以萨满巫师的身份扮演着司神敬佛的角色。

法师献舞时有5到7人不等，由长者领舞，转动鼓面敲击，随鼓点缓急表演相应动作。舞毕，酬神告一段落，人们三五成群吃喝狂欢，跳安召舞，唱"花儿"，人神同乐。

在跳神时，娘娘庙里提前高悬一个纸袋，里面装有五色粮食、钱币、红枣等，如果将装五色粮食的包扯开，里边的红枣、花生、果子、小馒头等洒落，参加祭神活动的信众纷纷抢夺，据说得到者便有喜事。土族村民在每年春夏季节为保丰收或祈平安都要举行，比如东沟乡大庄村的龙王会在农历二月二举行，从准备到整个活动结束共需3天时间。

"纳顿"

"纳顿"是三川土族的传统民俗，从农历七月十二日中川乡美一村宋家开始，一村接一村，渐次延续到农历九月十五日中川乡朱家村结束。每年举行的时间都是一致的，有固定的届期，不能随意变更。因其持续的时间很长，所以人们便称之为世界上时间最长的"狂欢节"。

"纳顿"仪式时，一般要在一个村举行两天，头一天是小会，第二天是正会。小会那天是准备活动，人员服装、道具、经幡、供品，还要将二郎神的神位请到村庙安顿就绪。家庭主妇们的角色主要是制作敬神的蒸饼，为了表示对神的尊敬与敬服，她们在"纳顿"前3天就要禁止房事，在小会的一天全身沐浴香熏，才能下厨。参加"纳顿"的男子和法拉一般都要在此之前禁房事，这是约定俗成之事。期间村民之间不能发生吵架、偷窃等违犯神约之事，否则地方神和法力无边的二郎神会怪罪下来，严重者会殃及全村来年的富足与平安。参加者和观众都谨守本分，舞者癫狂而痴迷，观者体悟而神会。这是一场人神共舞的聚会，是民风纯洁、素朴的教礼。

"纳顿"节俗期间要展演一系列的节目，每个节目都蕴含有特定的象征意义，也反映出不同的文化内涵和多样的生成语境。譬如《庄稼其》就是反映土族的祖先由游牧生活步入农耕定居生活的真实写照。其主旨则反映出古代重农轻商的传统思想。"纳顿"的其他节目譬如《三将》《五将》《杀虎将》等民间傩戏表演，也是三川傩祭仪式的重要节目。

"囊尼"

春节，纯粹的土族村庄里有一种宗教仪式，从这种仪式里除了看出土族老人们对佛祖的虔诚以外，还能发现"阿寅勒"从游牧的毡帐部落发展到定居村寨的蛛丝马迹。

每年过了正月初十，村里的老人们会自动集合，然后从某一家开始做"囊尼"，也就是从这一家开始全村老人集中到一户户

做囊尼的老人们

人家，集体念经祈求一年的风调雨顺、人畜平安。做一个完整的囊尼共需16天的时间，每两天为一个小囊尼，如果坚持不住，完成一个小囊尼后，允许中途停止做囊尼。做囊尼的具体日期各村并不一致，如互助县丹麻乡哇麻村在正月举行，五十乡霍尔君村自农历六月十一日开始，离此不远的巴洪村则在五月间举行。但无论哪个村做囊尼，周围的信仰者都可以自由参加，并无限制。

做囊尼的人被称为"囊尼哇"，在囊尼日来临前一周就要禁食肉、蒜、葱、辣椒等荤腥刺激性的食物，称之为"忌口"。在正式囊尼日来临的头天晚上，囊尼哇们要把自己的铺盖送到村庙一楼的大屋内。因为在囊尼活动期间，所有囊尼哇要全部在这里的地铺上休息，同时，远道而来的囊尼哇们要在这里住宿。组织这项活动的人称为囊尼官，一正一副共有两人，是在头一年的囊尼结束时为便于来年的做囊尼活动由大家选出的。除此两人之外，还需聘请四五个能干并在村中有一定威望的人，组成一个领导组织——在这里可以称之为"囊尼委员会"，主要负责筹划资金、购买必需用品、迎请喇嘛、烧茶烧饭、接待囊尼哇等事务。

互助县五十乡霍尔郡村囊尼的具体做法是：农历六月十一日下午，在准备工作基本就绪的基础上，在村庙二楼的经堂内供起酥油灯、酥油花，献上净水碗，将神箭（土语称为"切什羌"）用黄色布幔盖住。地上铺上囊尼哇们自带的听经坐垫，院内煨起桑烟后，安排远道而来的囊尼哇们到附近群众家吃饭。晚饭毕，囊尼哇们集中在村庙内喝一次晚茶，其目的是漱口，然后早早在地铺上睡觉。第二天，在凌晨3点左右，做囊尼的活动正式开始。

到第十六天的早上，要举行"倒火坛"仪式。在村庙院落的中心处用白土筑起一个四方形的土台，称为坛。将小麦、青稞、菜籽、芝麻、大麦、豌豆等本地生长的农作物置于坛上，由喇嘛们一边念经，一边用铜勺将溶化为液体的酥油一勺勺浇在作物上，点火焚烧，念经祈祷。囊尼哇们则纷纷围跪在"坛"的周围磕头、念嘛呢。

"於菟"傩祭

同仁"五屯"土族有"於菟"民间傩祭习俗。从"於菟"这一当地群众对虎的别称入手，可论证土族"於菟"舞与楚地遗风之间的内在关联。同仁县年都乎村的土族人在每年的农历十一月二十日举行"於菟"祭祀仪式，这个活动从农历十一月初五至十九日期间还要举行一系列的念经活动，即仪式前必要的筹备活动。这种仪式前的准备活动，如清洗、涂油、祈祷等净化礼仪以及各种禁忌，如神职人员保持洁净、仪式前禁止同房等必须遵守的禁忌。

年都乎的於菟祭祀仪式

传说，很早以前，在年都乎一带居住着霍尔人，他们信奉珊蛮教（萨满教）。曾经有一次，霍尔王的一位爱妃患病，陷于昏迷，整天不醒。虽经法师跳神和医师诊治，均无效而返。有人进言说民间有扮虎豹跳舞以驱邪逐魔的习俗，何不一试？王就命军士脱掉衣物，在身上画满虎纹豹斑，跳舞驱魔，结果一试果然效果很好。从此，年年举办这个仪式，流传至今。这是一种说法。

民间还流行着关于"於菟"祭仪的另一种说法：据说忽必烈

坐镇青海时，当地已经流传有这种虎豹舞，不知为何？后来却失传了。清朝前期，在年都乎地区发生了一次大瘟疫，拉卜楞寺第三世嘉木样活佛为了拯救众生，把拉卜楞寺的虎豹舞传到年都乎，从此消除了瘟疫，这种神舞也就流传了下来。

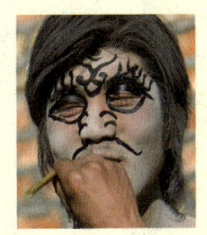

▲ 绘制於菟

　　同仁土族的"於菟"祭仪前的分隔礼仪由一系列念经活动（分为3种：宁玛派的"苯苯子"；黄教格鲁派的喇嘛；当地村民）以及"帮"（一种由拉哇操作，村民参与的活动）组成。"於菟"祭仪的现场在年都乎村后山上的二郎神殿中，由拉哇（藏语，即法师，"神附体者"，从村民中遴选）主持仪式，有庙祝和法师各一人为协助，另有7人由法师选出装扮"於菟"，年龄约20岁至35岁之间，婚否不限，但须身体健康。在祭仪当日，於菟们脱去衣裤，仅剩内裤，并将裤子挽至大腿根，从头到脚用煨桑用的香灰将身体裸露部位涂成灰白色，法师用毛笔给於菟装扮者绘上斑驳的虎纹，每个於菟手持长约一米五的木杆。仪式的高潮是於菟们在村民的呐喊、鞭炮声、放枪与跺脚声的恐吓和驱赶下，惊恐万状地飞

◀ 洗净於菟身体上的图案

奔逃离村庄，来到村外的河边，在河水中洗净身子，跨过火堆后方能结束仪式，但是这些装扮於菟的村民，须得在外面待两天，才能返回自己的家中。这种祭仪是出于祈福和禳灾、祛病等朴素的目的。

第六章
土族的
人生礼仪

　　"生、老、病、死"是每一个人一生中的必经历程。土族人生三部曲也是遵循同样的一个节奏：象征新生命的诞生——洗礼；一种过渡礼仪的成年礼——婚礼；人世间的终点——丧葬礼仪。土族人生三部曲有其特点：极为隆重的礼仪性和复杂的仪式；婚礼中的哭嫁习俗与狂欢性、娱乐性；丧葬礼仪反映出来的"孝为先"的文化传统。

土族人生三部曲

新生儿呱呱坠地后，家人要举行洗礼，以迎接新生命的到来。儿女长大成人后举行婚礼，祝福新人走向幸福美好的未来。老人去世后诵经祈祷，让死者灵魂走向神佛护佑的极乐世界。

在土族人的观念中，这三件事是人生中最重要的大事。所以只要有其中的一件事降临某一人家，他们便庆贺生者，祝愿婚者，悼念死者，以隆重的礼仪奏响人生三部曲。

洗礼，沐浴新生的太阳

土族先民崇尚自然的生命观，信奉人是自然万物中的一员。因而土族人在传统观念里没有重男轻女思想，他们认为不管生男生女，都是神佛的恩赐。

一个吉祥的时刻，有一户土族人家有婴儿将要出生，家里的老人会在院中煨桑，默念祈祷，祈求神佛保佑他的孙子孙女顺利降生，祷告神佛保佑母子平安。此时，降生儿的父亲会上到房顶，在产房上面走来走去，脚下用力踩踏，意在为妻子助力生产，同时还要唱起迎接新生命的歌：

快打开檀香木的大门，
迎接土族人虎一般的子孙，
他长着魁梧的身材降生。

快打开赞檀木的大门，
迎接土族人勤劳勇敢的子孙，
他骑着威武的神牛降生。

快打开白杨木的大门，
迎接土族人力大无穷的子孙，
他带着弯弯的银镰降生。

如果降生儿的父亲盼望生一个女孩，唱词中的第二句就变成"迎接土族人花一般的女儿""迎接土族人贤惠能干的女儿""迎接土族人心灵手巧的女儿",最后一句唱词变成了"她带着亮亮的金针降生"。

男孩降生,手拿弯弯的银镰。

女孩降生,手拿亮亮的金针。

婴儿出生第三天,要举行"洗三礼"。这天早上,要把婴儿的胎盘埋在"月房"炕沿下一尺多深的地方,也就是婴儿出生的房间的炕头底下。把新生儿女的胎盘不埋到外面和随便丢掉,是害怕丢掉新生儿的气运,埋在炕头底下,就留住了婴儿的精气,留住了儿女的根。

洗礼开始之日,家中老人早早在桑炉里煨上桑,还要吹响白海螺,意在告诉众神有桑烟的人家有新生命诞生了。白色的桑烟,悠长的海螺声,都是通往神地佛界的灵物。

之后便请来接生婆,家中女眷一起到"月房",在一盆温水中放进柏香、花椒、五色粮食、碎金碎银等,然后把新生儿放进盆里洗濯。柏叶寓意佛恩永佑;花椒的功能是百病不生;五色粮食,不愁吃穿。一边洗一边还要唱:

呀——赛翰布勒(漂亮孩子)!

三种吉祥的神药为你洗身:

柏香是神佛的用品,

它能保你平安一生;

花椒能祛风去痛,

能保你耳聪目明;

五色粮食等你播种,

能保你一生丰衣足食。

洗毕,长辈亲人们往洗盆里丢一些硬币,预示着新生儿长大后钱财广盛;爷爷奶奶、外祖父母等长辈还给新生儿一些红枣之类的物品,祝福新生儿吉祥安康。

土族人家一般男孩29天满月,女孩30天满月。

"出月"的早上,出生新生儿的家里要邀请隔壁邻舍的老人、产妇的娘家人、接生婆来喝满月酒。

▲

刺绣

知识链接 **看月子** 产妇坐月子的一个月里,娘家人、亲戚、邻里乡亲会来"看月子",大家拿锅盔馍、烘干的薄饼、红枣、鸡蛋等补品,小孩衣物等礼品来慰问产妇。

土族人家给男孩起名字喜欢跟神佛名字连在一起，例如"娘娘保""财神保""龙王保"，寓意求名字相关联的神佛保佑平安；也有取特殊含义的，如老人用自己当年的岁数给孙子取名，比如"六十一""八十三"，为了子孙后代不忘掉起名字的长辈，以示纪念。

给女孩起名字一般喜欢带"措""什姐"等词根，"措"是藏语借词，意为"湖或大海"；"什姐"意为花，给女孩名字里带上水和花的内容，表达了土族人的一种观念，女孩要从小听话、顺从贤惠。

满月的一天，到黄昏时分，婴儿由其父亲抱到大门口，迎接放牧归来的羊群，表示吉祥如意。这种习俗，源于让儿女记住土族先民是游牧民族，表现了土族对马牛羊的特别重视。

土族人家给孩子过第一个生日也举行讨吉利、预测初生儿未来命运的仪式。之前，先在院中煨桑，佛龛前点酥油灯，祭拜神佛，母亲要抱着新生儿给神佛叩头祷告。之后再举行测命仪式：在一个大木盘里放上一些物品，让过生日的小孩子抓，如抓到笔，一家人特别高兴，预示着这孩子以后能考上学，会成为读书人；如抓到馍，则认为孩子以后肯定是个种庄稼的好手；如抓到放羊鞭，就认为这孩子大了可能没出息，只能一辈子放羊。

土族婴儿，周岁剃头，婴儿一般都要穿枣红大襟长夹衫。周岁生日这天，土族人家还有个特别的习俗，如果孩子出生在春

煨桑

天，母亲抱着孩子到积肥的堆肥场地，绕着肥料堆转3圈，边转边唱：

  阿妈心爱的赛翰布勒，
  你不要嫌臭不要嫌脏，
  脚户的金子在驮子上，
  庄稼的金子在粪堆上。
  你长大要把粪堆，
  积攒得像大山一样。

如果孩子出生在秋天，母亲抱着孩子来到草堆旁，围着草堆转3圈，边转边唱：

  阿妈的心肝赛翰布勒，
  你不要嫌高不要嫌大，
  阿卡（喇嘛）的希望在经卷上，
  庄稼人的希望在草垛上。
  你长大要争一口气，
  把草垛年年码到天上。

婚礼

  土族婚礼，是成人礼中最隆重、最神圣的礼节，她标志着年轻人即将踏上新的人生历程，开创新的生活。因而，婚俗被赋予不同寻常的意义。

◀ 娶亲

迎接娶亲媒人

　　从婚俗的序曲——提亲开始，所拿礼物中必不可少的东西里一定要有两瓶青稞酒，酒瓶上要扎上一绺白羊毛，这既是土族的祖先曾有的游牧生活记忆，提示后人不要忘了老祖宗留下的规矩，同时也是古老的白色信仰的遗俗。

　　土族崇尚白色，比如院墙脚上镶白色的石头，院墙要用白泥涂光。土族人心目中白色具有纯洁、吉祥的含义。在酒瓶上系白色羊毛，有宗教含义，也借此表达求婚必应、好事成双的意愿。

　　在家长的安排下，一般是男孩到女方家去相亲，彼此看看是否中意。有趣的是，女孩在相亲的一天邀请同村的好姐妹甚至远方的表姐妹都到家里来。小伙子到来之时，有人就会打开窗子，众姐妹都来相女婿，给小姐妹拿主意。婚事成败，在此一举。如果这天来相亲的小伙子羞脸大，见打开的窗户前有那么多女孩品头论足，小伙子连水也不敢喝，饭也不好意思吃，甚至头都不敢抬，显得很尴尬。相亲要是成了，送的彩礼中，除了衣服首饰、钱财等礼品，男方家一定要送女方家一只纯白色的母羊。

在土族的传统观念中认为，姑娘要是嫁到男方家，就会带走娘家的"阳"（气运），而让"阳"留下来，就得让男方家送还一个活口来，才能留下娘家的"阳"。土族人把这只羊称作"阳娄"，送"阳娄"也是古老游牧习俗的遗留，因为"纳什金"在交代为迎娶新娘所拿的礼品时，会有一段祝词加谦词的告白，他会说：按我们祖先留下的古老习俗，今天的日子里应该是赶着一群羊来，但东家力不从心，只好用一只羊表达一点心意。

娶亲的纳什金一出现，婚礼高潮迭起，满院笑声不断。纳什金来到大门前，女方身后的阿姑们将大门关起来，与纳什金一问一答，对起歌来。阿姑们要问到所有拿来的礼品，纳什金要一一回答姑娘们的提问方许进门。

纳什金进门时，阿姑们从门头顶向纳什金泼洒3次清水，以示接风洗尘。进得门来，阿姑们的骂婚又开始了，在戏谑笑骂中，纳什金赔着笑脸向阿姑们求情示好。

娘家人把姑娘的嫁妆全部拿到院中挂在长绳上，由"典尖"（女方家里选定的婚事主持者）一件一件点着叫众人观赏。这些

◀ 纳什金

嫁妆，都是些出嫁的姑娘多年亲手缝制的服饰、花腰带、鞋袜、枕头绣织品。新娘是否心灵手巧，全在这些个陪嫁上。亲朋好友，特别是妇女们更看重出嫁女的针线活，他们会仔细观赏，会对姑娘的刺绣技能"品头论足"。而在娶亲之夜，娘家人冠戴新郎，将新郎身上的所有衣服换下来，给他穿上新婚服装，这是对女婿的格外看重。对新娘陪嫁的展示，对新郎的冠戴，实际上将新娘的手艺、新郎的形象又一次推到前台，让人注目观赏。

从此，一对新人要并肩携手，开始新的人生。祝福他们的，还有拜堂成亲时，长辈们、亲友们对他们的良好祝愿和殷切希望。婚礼歌中尽是说不完的孝敬老人的交代，夫妻相亲相爱的嘱咐，家庭邻里和睦的规劝。

为新娘梳妆

新娘即将出嫁的清晨，新郎被请到新娘的闺房内为新娘举行改变发式。新郎解开新娘的发辫，解下的红色绳子不能随便乱放，一条被新郎收起，另外两条被绑在一根二三尺的木棍上，这根木棍被插在一个木盒内，里面有小麦、大米等粮食，木棍顶端用白色布包裹着一点粮食、一枚银元或者麻钱，周围系有一束羊毛、哈达、五色布等物，这是土族人护佑家庭的吉祥神物，被称为"扬达尔"。

改发仪式中，新郎用木梳先梳自己的头发3下，再梳新娘头发3下，之后就离开闺房，新娘的姐姐或者姑姑便开始为新娘梳妆，将新娘未婚姑娘的发式改变为已婚的发式。

举行改发仪式，意味着新娘的身份至此改变。接着进行的"罗木托罗"（即度经卷）仪式很庄重。此时，堂屋面柜上依次放着一部经卷、一炷柏香、一升粮食、一撮羊毛、一碗奶子、一撮茶叶、一双筷子，并点着一盏佛灯。地下铺着一条白毡，新娘面

拜天地

朝外、母亲面朝里相坐。这时纳什金在院中唱"罗木托罗"伊姐,随着新娘哭诉,纳什金唱到什么物品,房内一长辈妇女就拿什么物品在新娘头上绕一下。

新娘上马的时刻到了,其父亲在马后手拿"扬达尔",一面往新娘身上环绕,一面叫着新娘的乳名要她给回答。新娘要大声地答应:"我在这里!"新娘的兄弟要牵马在门口往返遛马,来回遛3次后,新娘才正式启程。这期间,"纳什金"一直在唱《留"夫热"伊姐》,"夫热"原意是种子,这里指时运、财运。祝愿新娘出嫁后能一切顺心如意,也表达了不愿新娘将娘家的福气、财气带走,免受意外损失的意愿。

在新郎家里,顶门习俗是寄托父母心愿的一个小插曲。

新娘下马时,马镫下放一张小条桌,让新娘踩着桌子下马,然后把包着红布的瓶子夹在新娘的左腋下由新郎左边搀扶,送亲伴娘从右边搀扶着进入大门。以前是从下马处一直把白毡铺到庭院中的,现在只是象征性地在新娘前面由一俩媳妇拉一条白毡引路入门。

新娘第一次走进婆家门,新娘的哥哥或者弟弟在进门跨过门

土族婚礼现场

槛之时要把新娘抱起来,让新娘的头碰一下大门顶,其意是以后新娘就不会在婆家低着头过日子了。这种习俗的留存,亦透射出对新娘的接纳和鼓励,在新的家庭生活环境里,她会得到和婆家里别人一样平等的生活地位。

土族的拜堂仪式一般在院子里举行,院子中央和四角各燃起一个火堆,靠近中央的火堆最近地方站着主仪人,在他面前铺着一张白毡,新人站在上面,主仪人首先要向天地众神敬3杯酒,然后庄严地宣布新人向天地众神和高堂父母叩首,并致婚礼祝辞。

拜堂仪式以传统的婚俗宣告一对新人正式结为夫妇,而拜堂之后的开口仪式是新娘走进婆家门后接受的第一次亲情伦理教育。

新娘入洞房前,婆婆领新媳妇走进厨房,在灶神牌位前点着双芯神灯,预备一碗奶茶,新娘将奶茶反复含吐3次之后倒入灶洞中,意为将在此家中传宗接代。婆婆手拿缠着红线的擀面杖在新娘嘴上反复滚动3次并嘱咐道:"外面的话不要往家中传,家内之事不要往外传。"这般的提醒和告诫,是想让媳妇明白要想家庭和睦,婆媳之间、夫妻之间、姑嫂之间、邻里之间保持关系和谐,避免是非,只有谨言慎行,才能做个好媳妇。

葬礼，亡者安息有归宿

几十块土块泥砌成一个圆形的"坛"，将去世的老人遗体面朝西放进坛里火化，土族人认为一个人的一生也就功德圆满了。如果家庭条件好，再请几个喇嘛来，举行一个倒"火坛"仪式，让亡故先人的灵魂在酥油燃烧的香浓中西行，走向祈盼了一辈子的"香巴拉"（佛界），儿女们心里安然，也觉得在庄户人面前有了脸面，最后一次为亡故的长辈敬了大孝了。

倒"火坛"仪式是土族人最高规格的葬送亡人的仪式，此时火化亡人的燃料不再是砸碎的灵轿和干木柴，而是几十斤金黄的酥油。

主持整个仪式的是一位活佛或者经法高深的喇嘛，他带领几个喇嘛按一定的步骤一边念经一边往"坛"里倒酥油，孝子孝女们跪伏在火化的"坛"前，心中默念着六字真言。

土族人的信仰中，在佛的引领下度过一生是人生一辈子坚守的信仰，也是幸福的最终指向。因此，一生中的最后一个仪式——死亡后的火化，也要依照走向佛路的念想，面西，有人超度，在酥油的燃香中灵魂西行。

土族的传统信仰，简言之就是顺从天意，乐天知命。土族最早的信仰崇拜"腾格里"（长生天），他们认为，做人只要不违背天理，一心向善，就能求得一生平安。

土族信仰中有万物平等观念，后来又接受藏传佛教中灵魂转世的思想，因此土族人家有人去世，他们就说这个人的灵魂去了西方净土，而留在阳世的肉身应该还给脚下的土地，因而土族多半实行火葬，这也是肉体灭亡灵魂永存观念的一种直接表现。

老人去世，一般都在3天至7天内送葬，举行葬礼要请喇嘛念经，开始念指路经，之后还要念赎罪经、超度经等。

土族葬礼隆重而肃穆，行葬期间，所有参加葬礼的人不喝酒，不说笑，不打闹，整个院子里听到的只有喇嘛诵经的声音和法器的响声。

老人临终时，在他面前放一碗清水，上搭一双筷子（意即为亡人搭了一座走向佛界的桥），由儿女们搀扶着，让其面朝西坐化。

制作精美的"斡东"

老人去世后，嘴里要装上一点酥油，将其所穿的衣服全部脱下，将遗体扶起，成蹲坐状，双手合十，两拇指撑于下颌骨，用一条白布或黄布条进行捆绑，捆绑时有专门的程序，在每一关节处绾一个结，一身要绾7至13个，把头用一条哈达包起来，然后套上黄布做的套子，土族语称"布日拉"，装入"斡东"（灵轿）之中。

土族人的"斡东"，制作精美，俗称"一间转三"，二层楼式，悬梁吊柱。上面雕有各种花卉图案，顶端装饰有木刻的日月模型，亡者的灵魂在去往佛界的路上白天有太阳照耀，晚上有月亮指路，亡者就能亮亮堂堂地到达佛界。

亡人面西装进灵轿里，灵轿安放在屋堂中间地上，此时入殓完毕，儿子之一到本家每一户人家门前叩头报丧，儿媳们哭丧。服丧期，丧主家孝子要脱帽穿白长衫，系麻绳，女人除去衣帽上的花边等，着素色长衫。孝子孝女要昼夜"趴草铺"守灵，及在灵轿四周铺上麦草，孝子们跪在麦草上。守灵人要操心灵前的长明灯不能熄灭，要不间断地烧纸。守灵期间孝子们不喝酒，不吃荤，不开玩笑，进出院子要低头弯腰，否则视为不孝。

土族老人去世，要给亲朋好友逐一报丧。给亲友报丧时，一般不拿礼物，到骨主（娘舅家）报丧，必须带上哈达、一对焜锅馍馍、一包茶，骨主对丧事规模提出具体要求，在举行丧仪的那天"丧官"还要给骨主认真禀报丧礼事宜。

举行葬礼有一两天是主日，是集中祭奠的日子，土族语称"日格"。当天，村友亲朋来亡人灵前烧纸、吊唁、献馒头；女婿、外甥等下亲，除献馒头外，还要献油煎饼12张、哈达、孝钱若干。女儿、孙女、外甥女来吊唁时必须要哭丧，哭丧词如下：
　　来到深深的巷道口，
　　巷道里面冷冷清清，
　　我七十高龄的父亲哟！
　　怎么不见您的踪影；
　　当进去白土砌成的庄廓时，
　　庄廓里面如此的冷清，
　　不仅如此，
　　当进去大房堂间的里面时，
　　塌泥烧炕的上面空空荡荡；
　　可怜我七十高龄的父亲哪！
　　您在冰冷的地板上，
　　做了赞丹木的中心了。

哭丧词很长，女儿、儿媳、外孙女哭诉的内容不一样，但都表达的是对亡者的追忆、怀念、哀恸养育之恩等。哭丧，充满了悲伤，哭丧和哭嫁一样，也是显示哭丧人的孝心的特殊方式。

葬礼主日，"骨主"到了，亡者家里所有小辈女眷都要哭迎"骨主"，其时哭丧词也是哭诉亡者的养育之恩，生活的艰辛，往后的思念等。

　　在今天的日子里，
　　白骨的主儿您来时，
　　我们这些儿女们，
　　用双眼的清泪来迎接；
　　要问为啥这样时，
　　我那七十高龄的恩父哟！
　　过早地离开我们了……

期间"骨主"（亡人娘舅亲人）祭拜礼毕，茶饭招待之后，在"丧官"的主持下，让"骨主"坐在院子里铺就的白毡上，孝子们跪在院子里，"丧官"向"骨主"禀告亡人一生中养儿育女，孝敬父母，操持家务，诚实为人，勤劳一生的圆满功德，还禀告孝子和家人们精心伺候病人，全力护理救治等，最后丧官会说："然而，鹿活百岁终有一死，阎王请来难于挽留。呀！骨主大人请抓个盅儿,老人在今世里修了很好的人缘,去的地方是佛爷居住的仙界。"

土族儿女在长辈去世后,为了长辈的来世都要到寺院点酥油灯,请僧人念超度经;一次点100个酥油灯叫"百灯",点1000个酥油灯叫"千灯"。

土族人的火化灶是自己用土块泥制而成的,土语叫"坛",其形如圆形灶,下面留有4个能添柴的小眼。

互助县东山乡一位亡故老人的火化现场

火化遗体时,将死者面向西方火化,火化得越快越好,表示死者毫无牵挂。一般在火化后的第三天将骨灰装进木匣或瓷罐内,埋在临时选定的墓地,第二年清明节搬迁到祖坟墓地。葬后,众人回到家里时在门口放一盆水、一把刀,入门先洗手后燃一堆火,以防阴灵跟进家里。逢亡者的"头七"到"七七"(土语叫"多郎")要请喇嘛念经超度。

清明节迁坟,提前要做好各色三角小旗子,搬迁之时是清明节早上两三点钟,亡人的儿孙几人来到亡人临时埋葬处,煨桑祷告,之后挖起骨灰盒,一般由长子抱着走向祖坟。

其时,有人拿着小旗子走在最前面,用小旗子给亡者引路,搬骨灰的几个人不能说话,说是听到人声亡人的魂灵会被吓走;从临时埋葬地到祖坟,骨灰盒还不能放到地上,若放地上，亡灵就会待在那个地方，不会到祖坟里来，以后就会成为孤魂野鬼。

土族老人去世，在葬礼期间，有一种特有人情味的礼节，它就是谁家有老人去世，整个庄子里的人每家都会帮一捆柴火，不同的是有人家娶媳妇出嫁姑娘，大家帮着挑一担水。

送柴火，也就是送亡灵。当一个人从生命诞生的那一刻起，跌跌撞撞地长大成人，步入婚姻的殿堂，操劳一生，最终走到生命的尽头时，人们都来送别，这份生死离别之情应使死者亡灵感到安慰。人死后还图个什么呢？唯有在人们心头抹不去的记忆，忘不了的感念。念佛修身，做个好人，修个来世。土族老人们的人生信条就这样伴随着他们的一生；在他们看来，这就是最好的归宿。

土族"孝"文化

土族老人贺寿的年龄在60岁以后，一般是等所有的儿女都已成家立业后，算是老人尽到了为人父母的责任，成家的儿女们就可以给老人祝寿。寿事既可由与老人同住或分住的男性子嗣独立主办，也可由所有的子女合力协办。

贺寿的场所有两种，一是在家中，一是在寺院。依据规模，贺寿规格也可分两类，一类称"百灯寿"，另一类称"千灯寿"，家境差一些，办"百灯寿"；条件好一些，就办"千灯寿"。所谓"百灯寿"是指在贺寿中所点的酥油灯为100盏，所谓"千灯寿"是指在贺寿中所点的酥油灯为1000盏。

在家中举行的百灯寿，首先在家中进行一些必要的准备，要准备喇嘛做法事的酥油、炒面，各色粮食，还有一些特殊的物品，另外还有招待客人的饭菜原料、布施的物品，还要通知所有亲戚，等等。

土族老人的祝寿日一般定在老人的灵轿做成之日，年岁不太大没做灵轿的看时间、条件而定。

当日，请来几位喇嘛念经。在念经前，要提前做好酥油灯，由其中一个掌握佛经最好的喇嘛用炒面捏出"什多玛"，即

用心帮别人做好一百个酥油灯也是做着善事

各种动物、神山模型等,将这些面捏物放在一个洁净的硬纸盒中,据介绍以前是用稀牛粪制成的器皿中,周围放上提前和好的泥团、粮食、馍馍、酥油、松枝、茶叶、五色布等,并将其供在堂屋(上房)的一角。点燃100盏酥油灯后,喇嘛们便上炕盘腿而坐,开始念经。当经念至一半时,由寿主的男性子嗣手捧纸盒,到离家较远的僻静处倒尽面捏物,以示驱邪除凶、祈吉纳寿。

念完经后,要摆小型的家宴,招待喇嘛及亲朋好友,并要给喇嘛每人一份布施,布施的多少依家庭情况而定,可以是一包砖茶、一双僧靴,也可以是一整套僧衣或若干现金,等等,没有特殊的规定。

期间,亲朋好友要来贺寿。他们拿着给祝寿老人的一份礼物,有寿桃、哈达、衣物。喇嘛念经、做法事当中,所有亲朋便给老人敬献哈达,奉上贺礼;按辈分次序给老人叩头拜寿。贺礼当中有一份特别的礼物,是女婿女儿要给老人缝制一套红色衣服,意思是祝过寿的老人接受了神佛的引领,可以和佛祖的弟子们穿同色的衣服,他或她就算是佛子了。

贺寿老人自己也认为即日起他或她接受了神佛的恩典,不管男女,有些老人这一天要剃去头发,穿上红色衣服,拿起佛珠,自此不再操心家里的俗务，一心念经拜佛，从这一天开始，他们不再动荤，专门吃素。

可见儿女为父母举办寿礼，不仅与一个"孝"字有着很深的关系，也与一个民族的信仰息息相关。尽孝，不仅是为报父母的养育之恩，也不仅是伦理法则，更为重要的是对相互间心灵的沟通和慰藉。

第七章
民间传说与叙事长诗

　　民间神话传说，反映的是在特定语境中各民族彼此接触、交流的历史记忆。土族的民间传说和叙事长诗，也是一种民族起源的叙事文本，其中隐含着该区域多族群族际交往、文化交流的史实，也有希望民族团结、友爱、亲如兄弟的美好祝愿。它们都是一个民族精神文化的核心组成部分和珍贵的精神文化财富。

土族人生活里有喝不完的美酒，就有口耳相传的一代代的"道切"（能演唱土族赞歌和叙事诗的民间说唱艺人）。有了"道切"，就有一部部波澜起伏的叙事长歌。神话传说的歌，忠贞爱情的歌，民族英烈的歌，一经被青稞酒的醇香点燃，就从"道切"的口中奔涌而出，带着乡土的气息和韵味，显得悠扬苍凉，生动曲折。

《霍尼》：福羊出世显灵光

不了解土族民间文学的人们认为土族没有自己的长篇叙事诗或者神话叙事诗，其实土族民间文学中不乏这类民间文学瑰宝。土族人的婚嫁喜庆之时，大家喜欢唱一曲《霍尼》的问答歌，霍尼是土族语中对羊的称谓。羊在土族人的生活里既是相依相生的宝贵家畜，又被认为是沟通佛界与凡间的一个使者。

一只放生的山羊悠闲徜徉在一座寺院里

每年的农历正月初二，每个土族村庄都要举行祭祀地方保护神和家神的"什嘎（大）拉泽"，众人请出家神占卜一年中村子里的祸福吉祥，而这天早上，所有土族人家也要举行"目拉（小）拉泽"，给各路神佛点酥油灯、煨桑，主要的是在家中的牲畜身上拴上彩色布条，特别是在自家的羊群里选一只年轻健康的羊，给羊用清水净身，拴上彩色布条，象征这是献给神佛的羊，它会带着家里的羊出入平安。

《霍尼》，也有人起名《福羊之歌》，广泛流传在湟水以北的互助、大通、乐都、天祝、海北等广大土族和藏族聚居区，而影响最广、歌手最多的要算互助县的东沟、丹麻、五十等土族最集中的土族村落。

作品讲述羊的诞生，人们按羊的足迹寻找神羊的过程；讲述羊终归未能逃脱人类的无情宰杀；还有羊被宰杀后其骨骼象征庙堂的某个部件，并得到圆满的过程。引子部分从锅灶的安放位置开始对唱，内容涉及较多，其中唱道：

甲：东方破晓天亮时，
　　起床还要靠严父，
　　天亮有父什么样？
　　天亮无父什么样？
　　东方太阳升起时，
　　叫醒需要靠慈母。
　　有母日子什么样？
　　无母日子什么样……

乙：东方破晓天亮时，
　　起床还要靠严父。
　　天亮无父诸事空，
　　天亮有父诸事成。
　　东方太阳升起时，
　　叫醒需要靠慈母。
　　无母日子空荡荡，
　　有母日子事业旺……

甲：东方破晓天亮时，
　　红斑豺狗咧着嘴，
　　一蹦一跳去上川。
　　它去上川有一事，
　　就为捕食去那里。
　　只知那里有牛羊，
　　它食何畜我不详……

乙：红斑豺狗咧着嘴，
　　一蹦一跳去上川，
　　它去上川有缘故，
　　牧人牛羊在那里。
　　就为吃肉去上川，
　　饱食牛肉心满足。
　　还吃什么你说说……

佛教信仰伴随土族人的日常生活，左右我们的人生走向。《霍尼》长诗层层递进，甲方歌手开始盘问神山、神湖和神树的来历。

乙方回答：在上部地区群山中，有座神山叫须弥山；在中部地区山林间生长着神树叫红跃狮；在下部地区大雾弥漫处，有一个神湖叫青海湖。

歌词还描述：螺山、碧玉山环绕着大金山；玉树、碧玉树环绕着大金树；玉海、碧玉海环绕着大金湖。太阳和月亮绕着神山、神树和神水行走；上部金海是黄色，是因为黄金宝藏在海中；中部螺海是白色，是因为白螺藏在大海中；下部玉海是蓝色，是因为碧玉藏在大海中。

唱到此，一个人就可以大致了解土族人对佛教的一种认知论，然后才进入羊的话题，问到羊从哪里来？回答是：

造羊神佛自然有，
一是上界自在天，
二是不空成就佛，
三是宝生如来佛，
三圣共造三只羊。

金海羊由金子造，螺海羊由白螺造，玉海羊由碧玉造。

那么，怎样找到福羊呢？分别造金船、蓝船和白船，去找福羊；接着，又唱羊的形成，有羊的血、骨骼、肉、气息、皮和毛；羊血从水中来，骨骼从石头来，气息从风中来，肉从泥土来，皮毛从草中来。期间，还以较长的篇幅介绍羊若具备了这5种成分，才算是"修定空性等待羊"。

白螺羔羊长成大羊必须在草山上放牧，这样要严防羊的天敌——狼、豺、乌鸦，这部分唱段的知识性极强。

甲：手不拿屠刀当屠夫，
　　腰不带刀枪当强盗，
　　嘴不长白牙光吃肉。
乙：不拿刀的屠夫是饿狼，
　　它摇摇摆摆哪里去？
　　不带刀枪的强盗是豺狼，
　　它蹦蹦跳跳哪里去？

不长牙吃肉的是乌鸦，
　　　它飞来飞去哪里去？
甲：不拿刀的屠夫是饿狼，
　　　它摇摇摆摆上山去。
　　　它到山里干啥去？
　　　不带刀枪的强盗是豺狼，
　　　它蹦蹦跳跳进沟去，
　　　它到沟里干啥去？
　　　不长牙吃肉的是乌鸦，
　　　它飞来飞去到川里去，
　　　它川里干啥去？
乙：饿狼摇摇摆摆上山去，
　　　它到山里吃羊去。
　　　牧羊老头在哪里？
　　　豺狼蹦蹦跳跳进沟去，
　　　它到沟里吃牛去。
　　　放牛老头在哪里？
甲：牧羊老头做睡梦，
　　　梦见红肉和红血。
　　　不知吉兆的凶兆？
　　　牧羊老头做睡梦，
　　　梦见红肉和红血。
　　　不知吉兆的凶兆？
　　　牧羊老头做睡梦，
　　　梦见红肉和红血。
　　　不知吉兆的凶兆？
乙：梦见红肉和红血，
　　　不是吉兆是凶兆。
　　　饿狼要吃他的羊，
　　　用啥办法对付它？
　　　梦见红肉和红血，
　　　不是吉兆是凶兆。
　　　豺狼要吃他的牛，

用啥办法对付它？
　　梦见红肉和红血，
　　不是吉兆是凶兆。
　　乌鸦要吃他的牛，
　　用啥办法对付它？
甲：抛石抛绳对付它，
　　饿狼听见抛石响，
　　不由它的心胆寒，
　　不知它往哪里逃？
　　硬棒甩棍对付它，
　　豺狼听见甩棍响，
　　不由它的心胆寒，
　　不知它往哪里逃？
　　角弓铁箭对付它，
　　乌鸦听见弓箭响，
　　不由它的心胆寒，
　　不知它往哪里逃？

　　狼、豺、乌鸦，是牧业天敌中的三个代表。牧民从长期的生产实践中总结出了战胜天敌、保护牲畜的斗争经验，而且牧民对付天敌的办法是强硬有力的，也是得心应手的。可以说，《霍尼》是土族人民有关畜牧业生产知识的艺术结晶，是传授畜牧业生产经验的形象化教材。长期从事畜牧业生产的少数民族中，像土族这样以一种牲畜或动物为题材，创作出洋洋数万言的长篇诗歌，实属罕见。《霍尼》的创作和流传，充分显示了土族人民丰富的艺术想象力和创作天赋。

《拉仁布与吉门索》：忠贞爱情感天动地

　　土族民间叙事长诗《拉仁布与吉门索》流传广泛，影响深远，堪称土族的"梁祝曲"。

故事叙述青年牧民拉仁布到巴彦家当牧工，在长期的放牧生活中，拉仁布和巴彦的妹妹吉门索深深相爱，他们憧憬和向往幸福自由的爱情生活。他们到阳山上摘柏香，到阴山上采白花。手拉手走上阴山顶，煨桑磕头求苍天，保佑他俩的婚姻如愿。

牛儿留恋绿嫩草，
拉仁布把我牵在心；
羊儿紧跟不离群，
阿吾是我心中的人。

羊儿深情望滩中，
阿吾的心中情多深；
喜鹊盘窝在树顶，
相亲相爱多么热情。

吉门索的哥嫂是一对财迷心窍的恶棍，他们知道拉仁布和吉门索相爱，百般阻挠，对吉门索又打又骂，把她锁在家中，不准她与拉仁布见面，他们准备把她嫁给有权有势的财主，以换取钱财。

贪心的哥哥为了实现自己的如意算盘，一个天黑月暗的晚上，穿上吉门索的衣服，暗藏尖刀溜到山上，将放牧归来的拉仁布活活刺死。

恶人心里生毒计，
一心要把拉仁布害。

天黑云密漆黑夜，
黑心阿哥把刀揣。

伪装妹妹吉门索，
钻进拉仁布黑帐幕。

深更半夜起风暴，
暗里刺伤了拉仁布……

吉门索虽出身富贵家庭，但她像平民一样，上山放牧，亲身体验了百姓的苦乐，她与牧羊青年拉仁布相爱，这本身是她与贫

教授《拉仁布与吉门索》

苦人民思想感情一致性的表现。

吉门索是土族妇女敢爱敢恨的艺术化身,"阿哥只爱羊和牛,吉门索一心爱拉仁布"。这是她对爱情的追求。当她的哥哥故意分开牛和草场,把她和拉仁布分开时,吉门索为了爱情和自由,对旧势力表现出异常坚定的抗争精神:

山上的哥哥你请听,
滩里的妹妹等着你。

你走东来我西迎,
分开了羊儿要合群。

诗篇通过几句通俗质朴的语言刻画出吉门索敢于冲破清规戒律的倔强性格。当她的哥哥刺伤了拉仁布后,她纯洁而坚贞的心灵像烈火一样燃烧着。

拉仁布哥哥在哪里?
吉门索妹妹来看你。

我按着心儿来看你,
心里绞痛没法儿说。

哥哥我看看你的脸,
热泪儿把心窝暖一暖。

你伤重伤轻对我说,
叫妹妹怎样照料你都好……

对拉仁布的钟情和对自己哥哥的憎恨,使她的心情充满了痛苦,当她听到拉仁布的死讯后,摆脱哥哥的监禁,奔向火葬场,看到木柴烧了一百零八驮,炼油烧了一百零八锅,还烧不着拉仁布的尸体,她的心都碎了,悲切地哭诉:

你死不瞑目我知道
烈火哪能烧得着。

你我爱情似海深,
炼油哪能烧得着。

是是是呀明白了,
烈火中间你要我。

拉仁布哥哥呀好悲惨,
烈火中间等着我来会面。

拉仁布哥哥你请听,
吉门索妹妹看你来了……

长诗在描述吉门索将身上的首饰和穿戴一件件投入火堆时的情景,似乎是她与心上的人在亲密接触,像是在轻轻地抚摸着情人的身躯,与情人细语话别:

拉仁布哥哥你听着,
为你我什么都舍割。

头上摘下来金顶帽,
放到火里陪你烧。

发上拔下来银簪簪,
放到火里和你亲亲脸。

摘下圆圆的银耳坠,
陪你伴你烧成灰。

对唱《拉仁布与吉门索》

拉仁布哥哥呀你听着,
你为什么还烧不着?

取下手上的玉手镯,
同你一块儿到阴曹。

脱下妹妹的红棉袄,
拉仁布哥哥为啥还不着火?

吉门索将她身上的首饰和衣服一件件投入火中,声泪俱下地

第七章 民间传说与叙事长诗 133

叙唱《拉仁布与吉门索》

哭祭,但尸体仍然烧不着。她悲声呼喊:

哥哥你不着呀妹妹知道,
希望我和你永跟着。

哥哥你不着呀妹妹知道,
是盼我和你一起烧;

五尺身子舍给情哥哥,
一起烧到天荒和地老。

五尺身子陪着哥哥去,
阿哥罪恶的心愿实现不了。

五尺身子投烈火,
千年万年和哥哥在一起。

随着歌声,她纵身跳入火中,熊熊大火将他们的尸体瞬间化为灰烬。狠心的哥哥把他俩的骨灰分埋在一河两岸,3年后两岸各长出一棵合欢树,隔河连理连枝。狠心的哥哥又把树砍倒,劈成木柴放进灶里焚烧。火点燃后,只见升腾的烟雾化为一道七彩虹霓,从烟囱里飞出一对美丽的"翔尼娃"(土语,即鸳鸯),扑向黑心肠的哥哥,啄瞎了他的双眼,然后双双比翼飞翔在当年放牧的山林上，唱着追求自由、幸福的歌。

乌云消散天湛蓝，
辽阔草原真灿烂；
一对翔尼娃在飞翔，
自由自在多欢畅。

这是一首现实主义和浪漫主义相结合的典型作品。富有浓郁的地方色彩和民族特色，思想性和艺术欣赏价值都较高，显示了土族人民丰富的想象力。

《拉仁布与吉门索》是土族人民家喻户晓世代传唱的爱情诗篇，是土族民间文学的瑰宝，完全用土族语演唱，它源于土族地区，又生长和发展于土族地区，根植于土族传统文化之中。《拉仁布与吉门索》所描述的故事反映了土族从游牧生产方式逐步转向农业生产方式的一个侧面，具有重要的历史研究价值。

《祁家延西》：为国捐躯英雄颂

土族民间叙事长诗《祁家延西》歌颂了土族将领祁延西为维护国家统一、疆土完整而不顾高龄率兵征战的英雄事迹，他是为保全大义，以身殉国的民族英雄的化身。

◀ 搬上舞台的《祁家延西》

《祁家延西》叙述中原的洛阳城被一帮强盗盘踞着,他们兵强马壮,杀人放火,抢劫民财,奸淫妇女,欺压百姓,无恶不作,弄得洛阳城一带鸡犬不宁。正如唱词所现——

洛阳城贼寇造了反,

欺压良民恶如山,

受苦的百姓受熬煎。

皇帝知道后,召大臣们商议,贴出榜文,昭示天下,谁能平定这帮强盗,官上加官,职上加职,子孙们世世受封,永享荣华富贵。有个柴总兵本事不大,但他升官发财心切,就揭了榜文,发兵去打洛阳,但三次进兵,都是大败而归。皇帝动怒,降下旨意,限他再次进剿,如还打不下来,就要对他重重处罚。

柴总兵挖空心思也想不出破敌的计策,最后想起了土族老英雄祁延西。祁延西虽然须发全白,年事已高,但有勇有谋,可以破敌。

七十高龄来奔八十,

骑不住马来踩不住镫。

但柴总兵在出征受挫,不敢上告朝廷的情况下,抱着不可告人的目的,假传圣旨,连下三道军帖,逼他出征。祁延西不顾妻妾的一再劝阻,毅然出征。可是在征途中——

出门遇了个秋甲子,

连阴带下雨四十天。

柴总兵再次陷害祁延西,故意拖延送粮人按期供给粮草,从而兵困荒滩多日。祁延西克服重重困难,强渡黑水河,在成群的山羊角上挂上红灯笼趁夜出击,智取顽敌,大获全胜,但他在凯旋途中,遭柴总兵暗算,中箭身亡。

叙事诗从不同的角度突出了祁延西的骁勇善战、足智多谋。柴总兵连送两道圣旨的时候,祁延西识破了其中的诡诈,没有接受。

第三次圣旨下来了,

一来是为了老百姓,

二来是为了除贼根,

祁延西接下圣旨发大兵。

祁延西不顾年老,决定毅然出征,表现出这位老英雄深明大义,不计个人得失的博大胸襟。在祁延西率领的祁家军行军的路上,天阴下雨连绵不断。而柴总兵却故意拖延时间,断了他们的粮草。祁延西一度陷入绝境。把总与祁延西之间有一段唱词,形容了当时的情景:

  把 总:往前十里者海河来挡,
      往后十里者青沙了滩,
      祁家的延西者你是听,
      粮草吗困了个青沙滩。
  祁延西:二位把总者你是了听:
      明天的日子里看冰桥。
      三千六十个土民娃娃兵,
      洛阳城里挣一回大功劳。

  祁延西的兵马被困在沙滩上,找不到吃的,使这位土族将领愁得一夜之间发须全白。祁延西向上苍祈祷,靠神的佑助,他们发现了大批的神鹿,全军射猎神鹿渡过了难关。然而,柴总兵接连下令,让他们渡河进军。在找不到木料、架不起浮桥的关头,又是依靠神助,突然发现两条金鱼横浮在河面,他的兵马才过了河。

  过河后,祁延西的兵马仍然没有粮吃,人困马乏。正无计可施的时候,他的坐骑白马叼来了一个山药。

  祁延西:扁毛畜生者你抬了来,
      这个东西者人不吃来。
      这个东西者我先来吃,
      三千六十个兵来看,
      我吃上平安了大家吃。

      扁毛畜生你出个了声,
      这个东西者它叫和啥?
  白 马:这个东西者它叫山药。
  祁延西:这个东西者它在哪里?
  白 马:上去个坡坡下去个山,
      下去山坡者有一个滩,
      滩滩里长下的是山药。

在行军作战中，祁延西和他的3600娃娃兵历尽千辛万苦，千难万险，打下一寨又一寨，夺取一地又一地，最后来到了匪首们盘踞的洛阳城下，受到了顽强的抵抗。在敌强我弱、力量悬殊的不利条件下，祁延西"安下了巧计要破洛阳城"。

祁总兵叫士兵拣来野马粪，
祁总兵叫士兵把马粪洒到河里去。
河上密密麻麻一大片，
好似淌着的乌鸦群，
马粪顺流往下淌，
淌到洛阳城里边。
贼人贼子瞧见心胆惊，
这么多马粪烧不完，
祁家兵马千千万。
贼王急忙下命令，
一夜搬了七十二个大营盘。
贼众搬进城里去，
城高墙厚固守紧。

为了破城，祁延西又想出了妙计：
叫一声三千六百个小哥儿们，
快到山上捉"加拉"（山羊）
捉下三千三百六十只加拉，
备下三千三百六十只红灯笼，
做下三千三百六十支红蜡烛，
置下三千三百六十面锣和鼓，
物件备齐攻打洛阳城。

匪兵一看到这个阵势，以为天兵天将下凡了，阵脚大乱，仓皇逃命，祁延西率兵趁势攻下了洛阳城。从《祁家延西》里这些带有口语化的号令声中，人们能领略到这位沙场老将点兵布阵、运筹帷幄的英雄气概。

《祁家彦西》作为一部不朽的英雄史诗，是在土族古代神话、传说、诗歌和谚语等民间文学的丰厚基础上产生和发展起来的，通过对主人公祁彦西不怕艰难险阻，以惊人的毅力和神奇的力量平定叛乱，造福人民的英雄业绩的描绘，热情讴歌了正义战胜邪恶,光明战胜黑暗的伟大斗争。这部土族史诗在广阔的背景下,以恢宏的气势,高度的艺术技巧,反映了土族发展的历史片段,表达了人民群众的美好愿望和崇高理想,是一部形象化的土族历史缩影。中国是个多民族的大家庭,历史早已把我国各族人民的命运紧密地联系在一起。因此,《祁家彦西》这部史诗同样凝聚着我们中华民族的伟大精神,体现着中国各族人民追求平等、正义和美好的幸福生活的崇高理想。

第八章
土族的特色民俗

　　一个民族的民风习俗是该民族文化传统的重要而不可或缺的组成部分,从这些代代流传下来的民俗事项中,映射出该民族的历史记忆与族群迁徙史,也深刻地反映出他们的独具特色的民族性格。土族的民俗事项也有其特定的象征意义,镜像着土族在漫长的历史发展过程中他们自身的文化、宗教与经济社会发展变迁的脉络。

青稞与酩馏

土族儿女能歌善舞,大大小小的节日都是他们快乐的时刻,正如不会"道拉"(唱歌)不是土民,不跳"安召"半个土民。土族妇女身着五彩花袖衫,跳起以圆圈为主的安召舞,就像天上的彩虹飞落土乡大地。

土族人永远追逐着彩虹,永远痴恋着彩虹。一代代,一辈辈,怀揣彩虹的梦想,建造着自己的彩虹家园。踏进彩虹之乡,你一定会沐浴到海拔2 400米以上的最具色彩的阳光,你也一定会拥有一份采自离天最近的彩虹编织的梦想。从远古的游牧时代进入农耕时代,经过数百代的文化积淀,创造了新的家园,农耕生活的底色渗透到他们的衣食住行、婚丧嫁娶等物质和精神的各个层面,形成了特色鲜明的文化风俗。

▲ 身着民族盛装的土族妇女

> **知识链接** 五彩袖中的红色代表太阳,象征着土族人热情、奔放的性格;绿色代表青稞,象征着生命和希望;黑色代表大地,象征着土族人对大地的崇拜和热爱;黄色代表阳光和佛恩,象征着信仰和粮食的尊贵;桃红色代表爱情,象征着土族人对爱情的追求和渴望;白色代表白云和牛羊,象征着土族姑娘的纯洁和善良。

人情礼节三杯酒,是土族待客饮宴必不可少的习俗。

唱的歌,离不开酒的赞美;像许多兄弟少数民族一样,酒,最能体现这个民族的诚实形象、纯朴性格、精神气质。正如土族人自己所说——

山里的兔儿(哈)狗撵哩,

心里的曲儿(哈)酒撵哩。

人情礼节三杯酒。

土族是一个爱酒的民族,对酒的赞美和讴歌也因此成了互助土族婚礼酒歌上不可或缺的内容;土族人的生活中离不开酒,更离不开歌。互助土族的酒歌,就是土族人情感的高度浓缩;土族人的婚礼就是酒歌的盛典,酒歌从始至终贯串了土族人婚礼的全过程。

土族人婚礼的酒歌曲调委婉,节奏明快,充分体现了土族人

▲ 待客礼仪

民对美好生活的向往，更难能可贵的是，土族人的酒歌唱词合辙押韵，唱词优雅，具有很高的艺术性。

　　互助土族婚礼上，酒歌采取问答的方式，营造出婚礼上特有的风趣幽默、喜庆热闹的氛围。喜客到家，宾主分坐。喜客坐在铺有白毡的烧炕上，值客坐在铺着白毡的堂屋地上，值客敬上三杯酒，添三次茶，之后宾主之间的对歌就开始了。

　　在土族的婚礼上，娘家人（喜客）是唯一有资格用酒歌发问的人，他们刁钻的问题时时考验着婆家人（值客）的智慧和应变能力。婚礼进行到热闹处，手持美酒的娘家人会唱着酒歌这样问道：

　　酿酒的青稞是谁带来的？
　　它又是怎样成熟的？
　　成熟的青稞是怎样酿成酩馏酒的？
　　在这样连珠炮似的问题前，婆家人毫不示弱，他们会以酒歌的方式做出这样的回答。

第八章　土族的特色民俗　143

青稞的种子是王母娘娘的大青鸟衔来的，
青稞是土族的父老乡亲种植成熟的，
好喝的酩馏酒是土族先民智慧的结晶。

在土族的民间传说里，这段历史更为悠久。很久以前，有位神童叫胡然纳斯布勒，他教会了人们开荒山，种青稞。胡然纳斯布勒想：这青稞面真能养人啊！如果用它酿造成可口的饮料，岂不是更好吗？天神将青稞煮熟倒入陶罐里发酵，待它发出香味时，添加当地的神山泉水蒸馏，终于酿成了甘醇的酩馏酒。

酩馏酒醉制工艺与传承

据史料记载，早在距今700年前的元大德年间，互助民间已开始土法酿造酩馏酒。酿造酩馏酒时，先将选好的青稞浸湿碾去外皮，入锅煮熟，直到青稞裂口开缝后，沥出风凉，配以用中草药制成的酒曲，调和均匀，装入瓷坛或缸中密封，盖上棉被等物进行发酵，直至散发出浓浓酒香味。然后将发酵好的青稞原料，加上草药（羌活、乌药等），装锅，加水，盖上锅盖密封，烧锅。锅盖上留一小孔，用一根管子从小孔通向"缸瓦"。"缸瓦"实际上是一个有夹层的大肚水缸，缸内盛水或冰块。锅内的原料煮沸后，产生的蒸汽通过管子进入"缸瓦"的夹层冷却后，即成酩馏佳酿。

酩馏酒古法酿制作坊

土族妇女在举行婚礼之夜，表演的一出舞蹈叫《阿丽玛》，歌舞通过模仿的情节再现种植青稞的整个生产环节，描摹织布、酿酒等过程，最后将青稞美酒敬献给天地众神和尊贵的客人。土族人接下头锅中的第一碗酒，要敬给神佛。因为这头一锅酒最香、最醇，被誉为"神仙不落地"，属于酩馏酒中的最佳上品。

> **知识链接**
> 　　互助土族酿制酩馏酒，讲究"水""粮""曲""法"四者水乳交融、有机统一。
> 　　水，是酩馏酒之血，而发源于龙王山黑龙泉的水则是上品。
> 　　青稞，是酩馏酒之肉，最佳的则是青稞中的明珠——黑青稞。
> 　　曲，是酩馏酒之骨，这是酒中的糖化发酵剂，酒中的香味物质，即各种酸、脂、酶、醛、醇、酚类化合物均由曲发酵而来。
> 　　法，是酩馏酒之魂，只有那些经验丰富极富创造精神的酿酒工匠用近乎艺术手法创造的酿造技艺，保证了酩馏酒的品质和滋味。

　　酩馏酒酿造技艺成熟于明代，缘于土族与汉族之间文化的交流和融汇。据《青海通史》记载，明代时期，精明的山西客商就发现这里的黑青稞是酿造美酒的上等原料。于是，便在互助的威远堡安家落户，引进杏花村酿造工艺和配方，融杏花村和当地土族酩馏酿制技艺为一体，终于酿出醇香透亮、威名远扬的威远烧酒。

　　酩馏酒就这样在不断地吸收和扬弃中达到了巅峰。清乾隆年间，威远堡的酒坊呈雨后春笋之势，一面面酒簇在小镇纷纷竖起，威远堡地区出名的作坊有：天佑德、义合永、文玉和、洪凤元、聚成元、永盛和、常凤兴、石义德等8家烧酒作坊，俗称"八大作坊"。

　　威远烧酒成为酒中"名牌"，有"开坛十里游人醉，驮酒千里一路香"之盛誉。"吃手抓，上丹噶；睡热炕，上北川；喝烧酒，上威远。"曾经成为青海高原风行一时的民谣。

　　进入新世纪，互助"头曲"引领时尚，"天佑德"又添光华，"互助"品牌名播四方，威远镇成为名副其实的青稞"酒城"，互助县也因此被称为"酒乡"。

> **知识链接**　"互助"青稞酒成为青海省第一家原产地域产品保护企业，"互助"牌青稞酒，继拥有"中国驰名商标"的荣誉桂冠之后，又昂首挺进"中华老字号"的光荣群体中。

酩馏酒作坊

生活中的酒文化

土族人会酿酒,也爱喝酒。酒在土族的生活中营造着一种浓浓的文化氛围,升华为社会文明的一种境界。

敬天敬地敬神,是土族的传统信仰。土族人喝酒时,先用无名指蘸上酒,向上弹3次,然后自己才能饮用。

无论是婚宴,或是祝寿,先敬酒,再行礼,青稞酒成为土族习俗中不可或缺的礼行。凡是登门的亲友,主人必竭诚以待。土族有一句俗谚:"客来了,福来了。"每逢有客人来,主人先向客人敬3杯酒,此为"下马三杯酒",意思是客人鞍马劳顿光临,借3杯酒以洗尘。请客人进门,上炕,向客人敬"吉祥如意三杯酒",祝福客人万事顺意,平安吉祥。客人要告辞起程,主人还要向客人敬3杯酒,此为"上马三杯酒",表达主人送别之谊,祝愿客人归程平安。

土族人猜拳敬酒有禁忌:父亲与儿子、岳丈与女婿、舅父与外甥之间不猜拳。上下辈之间若要猜拳，下辈须将左手撑在右肘下，表示双手接拳，等长辈准许后方能单手出拳。在调解纠纷、劝化矛盾的民事活动中，肇事者赔礼道歉时身子下跪，端上酒盅，认错改错。

土乡的青稞酒，从它诞生之时起，就已经从物质文化的层面延伸到精神文化领域，蔓延于土族社会生活的各个方面，同时，酒与他们的每一个个体生命紧密相连。

当孩子满月时，就要宴请宾朋，为迎接新生命的诞生喝满月喜酒；孩子长大成人，为年轻人提亲时，为祝愿好事成双，家长摆宴喝定亲酒；为年过花甲的老人祝寿时喝长寿酒；清明节上坟，祭祀祖宗也以青稞酒敬奉先祖。

宇宙之间光芒多，

光芒多了有温暖，

最温暖的是太阳；

半虚空里飞禽多，

迎接客人——下马三杯酒仪式

◀ 迎门酒

飞禽鸣叫唤吉祥,
带来吉祥是杜鹃;
东家待客美味多,
清爽佳酿喝不尽,
青稞美酒格外甜。

　　酒与歌构成的文化元素,溶解在整个民族的历史发展中,在温润的酒杯中映现着民族的身影;酒与歌融合的滴滴情愫,搭建起连心桥,维系着民族与民族之间、人与人之间的情感纽带;内涵丰富的酒文化,以它特有的质地和芳香,诠释了土族人的生命情怀、情感世界。

彩虹飞绕轮子秋

　　到了冬天,土乡人闲下来,闲了的人们自有寻到快乐的方法,那就是转轮子秋、跳安召舞,纵情享受丰收年景带给他们的欢乐时光。

　　红红的篝火,暖暖的青稞酒,赤橙黄绿青蓝紫组成的花袖衫,青年男女心照不宣的你恩我爱,像和煦的春风温暖了高原寒冷的冬天。

闲置的车轮立起来就是一副轮子秋

向着蓝蓝的天空看，
圆圆的月亮挂中天；
那不是月亮挂中天，
是五彩轮子秋在旋转。

每年冬季，碾完场"卧碌辘""卧车"的时候，土族人民把大板车的车棚抬下，将车轴连同轱辘竖起来，挨地的车轮压上大石头或碌砟，悬空的车轮上绑一根横杆，横杆两头拴上皮绳的秋千，打秋人坐在秋千上，由别人推动横杆，车轮旋转；姑娘的裙子、花袖衫在阳光下飞舞成彩虹，叮咚作响的璎珞环佩在阳光下飘浮闪烁，像是抡开了一圈耀眼夺目的五彩花环，煞是壮观。

现在表演的轮子秋，是土族村民在翻转的车轮上转圈娱乐的基础上改进而成。如今在土族的农家院里安装的轮子秋，场地正中竖立着一根4米来高的钢管，安装在钢管正中的钢制圆盘将钢管分成两半，下接底座，顶端置日月星模型。

表演时，数名身着民族盛装的土族阿姑和小伙子们脚踩悬吊在铁盘边缘的踏板，随着大圆盘飞快地旋转，并不时做出各种优美的空中绝技动作，引得围观者喝彩阵阵，掌声不断。

随着时代的进步，社会的发展，经济的繁荣，土族之乡群众性文化体育活动进一步活跃，世代相传而古老的轮子秋改变了模样，经过加工后变得壮观美丽，古老的轮子秋焕发了青春，转得

▲
轮子秋
▼

更快，转得更欢。

姑娘和小伙转轮子秋，个个都有一手绝活，不同的表演技巧和艺术造型，分别有不同的象征意义。轮子秋单飞时，土族阿姑做"春燕穿柳"和"喜鹊探春"造型，凌空飞速旋转，表达了土族阿姑对天下如春的美好祝福。

双飞时，阿吾（小伙子）和阿姑分别做"双龙戏珠""丹凤朝阳"的动作，合作成"龙凤呈祥"的造型，表达了土族人民热情好客，喜迎四海宾客的诚意；阿吾、阿姑接着做"弥勒晒肚"和"春燕展翅"动作，合作成"太平盛世"的造型，表达了土族人民热爱自然、追求和平的心愿。

三飞时，阿吾和俩阿姑分别做"猛虎下山""嫦娥奔月""女娲补天"动作，合作成"吉祥如意"的造型，表达了土族人民对伟大祖国的热爱和翱翔世界的愿望；换成"孔雀开屏"的造型，则表达了土族人民对美好生活的殷切希望。

安召舞

轮子秋的周围，一群年轻的姑娘和小伙穿着盛装，跳起安召舞，"赛纳！赛纳！"（土语：好，吉祥）地呼喊着，时而舞成圆圈，时而转出土族盘绣的"四瓣梅"图案造型，时而舞起激情的彩虹舞。

起舞时，为首二人载歌载舞，领唱歌词，随后众人合舞。起舞时先向下弯腰，表示对土地的膜拜，两臂左右摆动数次，然后跳高一步向右转一圈。在转圈时两臂举上，又表示对上天的一种敬仰。又通过双翼般飞舞的手臂，表现飞翔的意境，使舞蹈柔美、轻盈，舞姿造型中，不论双臂在头上、在身侧，或一前一后的哪一种姿态，手腕都在静止的同时向下折腕。尤其那些身着五彩花袖衫的土族妇女，将双臂舞动起来，好似一片片彩虹在空中舞动，一片绚烂。

安召舞歌词主要内容是赞颂、祝福，祈求吉祥、人口平安、

婚礼中的安召舞

六畜兴旺、五谷丰登。丰收时节所唱多以庆丰收、谢神佑、向往美好生活为主。安召舞曲调据统计有十几种之多。一般上句为正词，下句为衬词。曲调高亢、嘹亮，速度平稳，并随着歌词内容的变化而变化，反映了土族歌舞音乐独树一帜的特点。

"安召"伴唱有领唱、合唱，亦有问答形式，其曲目如《安召索罗罗》《尖尖玛什则》《拉热拉毛》《召因格阿热什则》《强强什则》等，洋溢着浓郁的民族特色，歌词淳朴、生动。如：

天上圆来什么圆？

天上圆来月亮圆；

梭罗罗树儿当中显，

满天的星星扎一圈。

地上圆来什么圆？

地上圆来场院圆；

轮子秋儿当中旋，

土族儿女扎一圈。

> **知识链接**　"安召"一词，由歌词中的"安召索罗罗"一句衬词而来，是土族人民歌颂人畜兴旺、五谷丰登，祝愿吉祥如意的众人参与和集歌舞为一体的娱乐形式。

安召舞作为最古老、最具代表性的一种舞蹈，展现了土族特有的审美心理和文化个性。遥想当年，土族先民在长期的游牧劳作、迁徙征战中，创造了许多富于民族特色的歌舞，安召舞就是

安召舞 ▶

▸ 千人安召

在土族历史长河中沉淀下的艺术奇葩。在胜利、丰收、婚礼等庆典上，土族先民们围着部落的毡帐或夜幕下红红的篝火饮宴起舞……安召舞就这样从远古翩跹而来，形成了以群舞方式和圆形队伍为基本特征的安召舞。

在这圆形的舞蹈中，在车轮的飞旋中，包容着土族哲学思想、宇宙观念。土族先民的原始观念认为：天的运行规则在于圆，地的规则在于方。就像他们居住的庄廓是四四方方的，祖先们曾使用的铜钱是外圆内方的，天圆地方的概念中，圆字既指外在的天，也象征着现实生活中团团圆圆的美好心愿。在土族人看来，只有这样的自然和社会才是和谐、美满的。

在这里，舞蹈的圆，轮子秋的圆，与土族的文化心理、哲学思想结合得如此密切，有趣的娱乐形式与土族的物质生活之间得到了巧妙的结合，在保持了生活的乐观情趣的同时，求得外界与心灵的和谐。

轮子秋上，映射着土族人崇拜太阳，以圆为美的哲学意识。轮子秋下，姑娘、小伙子围着轮子秋尽情地跳起来，唱起甜甜的"秀结"。

秀结呀秀结——
你是欢乐的云雀；
你是扑闪的彩蝶；

转起来呀唱起来，
飘上高高的云天，
带来了七彩虹霓，
——吉祥如意；
捧上片片白云
——把哈达敬献。
将幸福和爱情撒满人间。

随着土乡旅游事业的发展，土族"千人安召舞"成了宣传土族的一个文化品牌，千人安召舞，彩虹映蓝天；千人安召舞，洋溢着来自大自然的勃勃生机，体现着彩虹般美丽的民族形象。

花儿与少年

花儿会

走进土族之乡，有两样东西千万不能错过，那就是喝青稞酩馏酒，听"花儿"。

朋友，有一天你来到了土乡，一定要来一趟县城西的土族风情园，坐到土家烧炕上，一边品味酩馏酒，一边欣赏"花儿"，那种情景绝不亚于当一回酒中醉仙、探花使者。一对年轻漂亮的阿姑笑盈盈地来到客人面前，端着酒壶，托着酒盅，亮开嗓子用一首"花儿"给你敬酒，你能不喝吗？

尕阿姐熬的酩馏儿，
阿吾们喝给了九天；
想起憨敦敦尕肉儿，
阿吾们醉给了九年。

歌词虽然有所夸张，然而，你可以想象，连续喝了9天，把阿哥醉给了9年的酩馏儿，该是个什么样的佳酿，谁不想多来几杯？阿姑的歌声如此甜美，花儿的曲调高昂悠扬，又怎能不撩拨你的情思？"花儿"一首接着一首，美酒一杯接着一杯。

细细地品味青稞酒，听阿姑们纵情地唱"花儿"，有情的你不得不醉。

三寸碟子里盅盅儿圆，
一心儿敬，
盅盅里青龙哈闪了；
喝一盅酩馏儿心喜欢，
心意儿到，
阿吾你坐下不要走了。

花儿会上
漫少年

走进土族山乡，就会看到在树丛中，河流边，草地上，一对对或一群群的男女青年，穿着绣花的民族服装，在放声高歌。他们你唱一句，他答一句，即兴编词，对答如流，欢声笑语不绝，好像到了置身于歌的海洋，让你流连忘返。这就是土族青年男女最爱唱的"花儿"（亦称"少年"），土族叫"哈达过道"，意为"外面唱的歌"，内容主要描写男女青年的爱情生活。

花儿与少年 ▶

有一首土族"花儿"，倾诉对恋人的爱慕之情，也向人们夸示恋人手艺的极其不凡。

尕妹给我绣上个满腰转，
褐子的边边，
里子是毡毡，
牛毛（俩）扎上个牡丹，
我勒上了走，
人前头夸你的手段。

这首"花儿"表达了一位少女的多才多艺多情。第二段中"给阿哥绣上个满腰转"，形象地将阳刚之美和阴柔之美相对应，生动而完整地表达了青年恋人的恋情。

满腰转，是土族青年男子系在腰间的花围肚，在左侧或右侧处开口，是或系或扣的夹层（或棉层），有多种功用，既能挡寒，又能在深而宽的口袋里塞装许多东西。一般在口袋外绣上漂亮的图案，有很强的审美功能和实用功能。

多情的少女却用自己特殊的方式直率地表达了自己的心愿："给阿哥绣上个满腰转"，而且这个满腰转又显得十分奇特："褐子的边边，里子是毡毡，牛毛俩扎上个牡丹"；在以褐子镶边，毛毡垫底的满腰转上，聪明的阿姑竟用各色牛毛"扎"（方言，绣）上个牡丹，且有多种功用，多么有情味，多么有神韵！这还不算，姑娘还叫小伙儿"你穿上了走，人前头要显个手段"，敢想、敢为，且不说空话，说到做到，一下子将感情引向高潮。

土族独有的"花儿"曲调有《土族令》《好花儿令》《梁梁上浪来令》《杨柳姐令》《红花姐令》《黄花姐令》《阿姑令》等，均短小精悍，生动活泼。

土族除了"花儿"，还有用本民族语言演唱的传统情歌。

赶车走路的真不少，

修桥补路的没一个；

头戴纽达尔的真不少，

俩人牵手的没一个。

情歌曲调的曲式结构是一个单乐句的扩充或以这个乐句为基础的变体结构。已搜集到的有《阿柔洛》《兴加洛》《洽日洛》《玛森戈》等曲调。情歌曲调是"花儿"曲调的前身（即母体）。情歌唱词近似诗词格式，有每句字头和字尾押韵的特点，比喻生动，含蓄意深。

《阿柔洛》曲调优美、深沉，用属音做开始音，旋律平稳级进又回到属音，突然一个大跳使整个曲调进入高潮，拖腔属音向主音挑起，然后又从属音开始，旋律线条逐渐下行，出现土族"花儿"中特有的音型特点，结束音落在主音上，使整个曲调稳妥、豪放，旋律流畅，朗朗上口。

扭达头巾丈三长，

没有个阿哥搭在我头上；

白银戒指亮又亮，

没有个阿哥戴给者手上。

《阿柔洛》是单乐句结构，在歌手演唱时情绪和个别音符的时值增减处理上有小的变化，给人以上下句有别的感觉，其实是这一乐句的变化再现。所举《阿柔洛》是较普遍的一首，现在土族聚居地区的情歌基本上被"花儿"取而代之,至今濒临失传。

吸收别的民族文化,由情歌演变而来的土族"花儿"旋律起伏较大,音域宽广,结束音拖长而下滑,具有浓郁的土族风味。唱词既生动活泼又风趣朴实,常用比兴手法,比喻贴切、借景抒情。

清代诗人吴镇曾经来互助县五峰寺观看过农历六月六的花儿会,作为诗人的他聆听了土族阿姑演唱的土族"花儿",此起彼伏的声声"花儿"让诗人兴致大增,随机记录了很多土族"花儿",玩味之余,写下了"花儿饶比兴,番女亦风流"的佳句,称颂土族"花儿"和唱"花儿"的土族阿姑。

"花儿"有着深厚的群众基础,男女老少几乎人人会唱,人人爱唱。每年定期举行的群众性花儿会,已成为土乡流传久远的传统节日。土族"花儿"源远流长,清代诗人叶礼在《甘肃竹枝词》中写道:

男捻羊毛女种田,
邀同姐妹手相牵;
高声各唱花儿曲,
个个新花美少年。

土族儿女欢乐豪放,能歌善舞。土乡有"饭可一日不吃,歌

花儿与少年
▼

不可一日不唱"之说。每遇节日庙会或闲暇之余，青年男女聚集在山林绿荫处，河边草地上跳起安召舞，唱起花儿，抒发爱慕之意和祝福之情。

最美的"花儿"是用土乡最纯净的生活之水甚至生命之水浇灌的圣洁之花。

盛况空前的花儿会，自农历四月后相继开始。届时，土乡山花烂漫，峰清水秀，身着民族盛装的人们熙熙攘攘，欲献绝技的歌手摩肩接踵，嘹亮的歌声此起彼伏，漫山遍野成了花儿的海洋，的确令人神往。

专心聆听花儿的土族阿姑

艳阳高照，满目青山，年轻的歌手们携情侣，带酒食，三五成群，边饮青稞酒边对唱花儿，歌声传遍四野，气氛热烈至极。土族花儿会历史源远流长，互助、民和、大通等地有大大小小的花儿会场几十场，互助地区是以丹麻花儿会为代表。丹麻花儿会是国家级非物质文化遗产，是青海省乃至西北地区具有一定影响力的群众花儿会，一般在每年的农历六月十三日举行，会期为5到7天，一年一次，规模宏大，影响深远。

关于丹麻场花儿会的来源，有一个美丽的传说。

很久以前，丹麻滩本是一片丰茂之地。后来，一个土司霸占了这里，弄得民不聊生，连续干旱3年不下雨，几乎旱死了所有的农作物。

有一年的农历六月十一，一对相爱的土族男女来到丹麻滩唱土族花儿，他们唱了3天3夜，唱词里全是农民的苦难，干旱带来的愁肠，他们的花儿声感动了北面龙王山上的龙王爷，第三天傍晚天降毛毛细雨。然而两个年轻人太累了，他们背靠背坐在细雨中睡着了，第二天两个人变成了两棵树。

第二年，丹麻滩以及周边的农人们为纪念这一男一女，从六月十一开始自发集会于丹麻滩，大家都用一声声花儿感谢两个年轻人，丹麻花儿会就这样流传了下来。

至今丹麻滩里有两棵参天白杨树，大家说这就是两个年轻人变的树。如今，这两棵由两个生命化成的树仍然枝叶繁茂，成为了年轻人心目中爱情的象征，成为了当地民众心目中的圣物。

背斗里背的是燕麦草，
人问时喂牛者哩；
丹麻会场里满场场转，
人问时喝醉者哩。

丹麻花儿会起源于明代后期，盛行于清代、民国及新中国成立初期。20世纪60、70年代花儿会被认为是低俗野曲会而遭到禁止，一度中断，1978年以后逐步恢复。据专家认定，丹麻花儿会起初是当地土族群众为祈求风调雨顺、期盼五谷丰登而举办的朝山会、庙会性质的传统集会，经过历史的演变，现已成为展示土族民俗风情的一个主题群众文化节日。

丹麻花儿会上演唱的土族花儿是青海花儿的重要组成部分，具有独特的民族风格，蕴含着丰富的土族文化内容，具有较高的艺术欣赏价值。近年来，当地政府开始对丹麻花儿进行挖掘、整理、保护。2008年，互助县人民政府投资10多万元成立了"丹麻土族花儿艺术团"。2002年，丹麻镇被国家文化部命名为"中国民间艺术之乡"；2006年，有着数百年历史的丹麻土族"花儿"会被列入第一批国家级非物质文化遗产保护项目。

花儿会从庙会演变而来，从娱神向娱人的转变，是人的主体性凸现和神性的隐退。今天，紧随社会主义文化大发展大繁荣的热潮，土乡民间文化艺术更显异彩纷呈生机盎然。

青年男女们在野外的时空里放飞心灵、舒展青春、表情达意的歌会，与旧制度下形成的伦理观念、封建意识截然对立，充分显示了民间文化刚健清新的生命活力，是民间文化特有的生命情状和生活情态，正如一首流传百年的"花儿"所唱的——

花儿本是心上的话，
不唱时由不得个家；
刀刀拿来头割下，
不死时就这个唱法。

老百姓对花儿的喜爱和痴情，有着独到的理解和感受。那就是花儿是生命的花骨朵,花儿是相思的良药。大地上如果没有鲜花,那么,眼前就是一片荒芜的沙漠;生活里如果听不到歌声,心灵会变成感情世界的沙漠。

金针银线女儿心

土族阿姑们一个个都是土族盘绣能手,她们心灵手巧,能用一根根五彩花线做出五彩缤纷的各种刺绣品,而她们所用的刺绣方法是土族独有的盘绣技巧。

盘绣的命名来源于它独特的针法,土族盘绣采用的是一针两线的刺绣方法。所谓一针两线,即土族阿姑在绣花时,用一根针在绣布上来回穿扎,每扎一根针,土族阿姑都会用彩色的丝线,在针脚上盘出一个直径为两毫米左右的圆圈,这样的圆圈密密麻麻地排列成精美的图案。

◀ 盘绣

纵观土族服饰,几乎找不着不用刺绣做装饰的地方,衣襟、衣袖、腰带、前裙子、花云子鞋,处处都装饰着刺绣。土族妇女擅长刺绣,她们用智慧和巧手,美化生活,装饰自己。土族民间刺绣技法十分丰富,包括平绣、剁绣、盘绣、握绣、网绣、锁绣等。对不同的绣法、针法的娴熟掌握和使用,构成了不同的构图风格、图文样式,这就是土族刺绣的风格,也是土族服饰的风格之一。

土族刺绣图案大多是土族的传统图案,蕴含丰富的古老审美民俗文化,土族刺绣图案多取材于当地的生产和生活,极具浓郁的乡土气息和地方特色。从题材上看,刺绣图案的内容可以分为佛教图案、汉字和龙凤图案、动植物图案3大类。

历史上的土族多与汉、藏等民族杂居,这就形成了土族以藏

▲
刺绣在庭院

传佛教为主,汉儒、道以及各种神灵崇拜汇集的宗教观,而这种宗教观又自然而然地体现在了刺绣图案中。如佛教中的"卍"字符号,在藏传佛教中寓意紧固稳定,在土族刺绣中"卍"常常以其延伸后的回形宫格装饰在腰带上寓意绵延不断,生生不息。因此也被称为"富贵不断头"以示吉祥如意,也有人起名"太阳花"。再比如对太极图案的运用,多以各种太极图案的变体形式为主,形如围绕同一核心逆向旋转的鱼,体现了道教对土族的影响。在中国神话传说中,龙为"四灵"之一,主水,也象征王权;凤为"百鸟之王",能治乱显吉祥。土族刺绣中的龙憨厚可爱,凤凰尾似花叶,刺绣时多以点代替龙鳞,以花叶代替凤尾。这也是对龙和凤题材的深加工,表达了土族人民对美好生活的向往,也表达了汉、土两个民族的频繁交流。

土族人民热爱自然,感恩自然,所以将自然中的一草一木、一鸟一兽都融在了自己的朴素情感之中。荷花、牡丹、梅花、菊花、葡萄、萝卜、喜鹊、老鼠、猫、鹿等各种生物在各自意象的同时又被土族人加以组合运用,形成了"葡萄刺猬"寓意长寿,"鸳鸯荷花"寓意美满爱情,"喜鹊梅花"寓意对春的向往,"梅花海棠"寓意人杰地灵,"石榴和猫"寓意多子多福等等的内容,土族姑娘热爱生活,热爱刺绣,她们从小开始学习刺绣,一边学习一边不断琢磨出新的图案与大家一起分享。土族阿姑绣出的每一幅图案都代表着一种意义,一种独有的审美心理,这是对自然物象征内涵的进一步完善。

盘绣选取的材料质朴天然,散发出农业文明特有的芬芳,也显示了土族阿姑的心灵手巧,例如胡麻的利用。在制作盘绣前,土族阿姑首先要选取坚韧的胡麻锤制,经过细心锤制的胡麻会变得十分柔软,但是胡麻之间相互牵连的纤维并没有断裂,而是绞成了薄薄的一片。继而将胡麻榨油剩下的麻渣制成的糨糊,平铺在胡麻上,并粘上或黑或蓝的底布,然后在底布上用粉笔画出花样,并按照此花样开始绣花。

◀ 刺绣中

土族盘绣花样繁多,有表示土族先民宇宙观的神秘的圆形图案,有具有神秘图腾意味的几何图案。然而更多的则是各种花卉图案和表示吉祥的云纹图案,它们都是土族先民在日常生活中对自然的感悟,对美好生活的向往。

土族少女一般从七八岁就开始学习刺绣,开始女红训练,到十五六岁人人都会成为绣花能手。李发秀是普普通通的一名土族妇女,是土族盘绣让她成了互助县的名人,她是土族盘绣代表性传承人。她7岁开始跟着母亲学习盘绣针法,十几岁的时候就成了方圆几十里有名的刺绣能手。

1995年,李发秀参加了第四次世界妇女大会中国组委会举办的"中国传统工艺技术女能手操作表演"活动。2004年参加团中央在福州举办的"中国传统工艺品制作能手评比活动"荣获优秀

▲ 土族刺绣

土族刺绣

奖。在"锦绣中华"全国绣品大展上,她的土族盘绣花腰带《富贵满堂》获得金奖,至今她是互助县丹麻镇土族盘绣的专业指导老师,已培养学员200多人。

在传统的服饰中,土族男子通常是头戴一顶织锦镶边、帽檐卷起的毡帽,身穿袖口镶有黑边、胸前镶有一块彩色绣花图案的短褂,外套黑色或是紫红的绣花坎肩,坎肩上通常还有多达三层的绣花领子。妇女的穿戴则更为花哨,除了我们非常熟悉的彩虹袖的长衫外,还要系上一条宽而长的绣花腰带,而这条绣花腰带更是土族阿姑展示盘绣技巧的"舞台"。

土族阿姑的腰带通常有40厘米宽,60厘米长,按照土族传统,这条绣花腰带,必须由待嫁的女儿亲手绣制,出嫁那天,新娘就要把这条绣花腰带系在腰间,参加婚礼的亲朋好友则会对这条绣花腰带评头论足,如果谁家的姑娘绣制的腰带图案不精美,针脚不细密,在娘家人看来,则是一件很没面子的事情。而这样一条绣花腰带,往往需要几年才能完成。

除了姑娘的腰带外,聪慧的土族阿姑还喜欢用盘绣装点枕头、荷包、烟袋。

盘绣艺术品,最早的可以追溯到清朝。互助"彩虹部落"的民俗橱窗里陈列着一个清朝绣制的烟袋,人们惊奇地发现,烟袋上盘绣图案的色彩虽然经历了百余年风雨却十分艳丽,宛如刚刚绣成一般。这是因为土族阿姑在制作盘绣的过程中,十分注重丝

田野中的刺绣

▸ 生活中处处刺绣

线的质量,清朝时候盘绣的丝线可能是土办法自制的,制作丝线的颜料是特有的一种矿物或者植物的汁液,土族盘绣颜色持久的特性,是许多绣种不具备的。

　　时光荏苒,日月如梭,因为人们生活习俗的改变,土族盘绣也经历了兴衰和变迁。虽然现在土族盘绣的花色多了起来,可是民族同化的趋势日益加剧,不少土族年轻人已经不再穿传统的土族服饰,而传统的土族婚礼上必备的绣花腰带等传统服饰被婚纱礼服所取代。更严重的是,因为盘绣工艺复杂,耗时长,不少年轻人已经不愿意学习这门手艺,盘绣传人出现了老龄化的趋势,土族盘绣也因此面临着失传的危险。

参考文献

1. 《民和回族土族自治县概况》编写组. 民和回族土族自治县概况. 西宁：青海人民出版社, 1986
2. 《土族简史》编写组. 土族简史. 西宁：青海人民出版社, 1982
3. 《中国少数民族社会历史调查资料丛刊》青海省编辑组. 青海土族社会历史调查. 西宁：青海人民出版社, 1985
4. 蔡秀清. 土族民间宗教"勃"及其民俗功能分析. 西北民族大学学报, 2007（3）
5. 陈玉书. 关于土族的来源问题. 历史研究, 1962（6）
6. 鄂崇荣. 土族民间信仰解读——地方性信仰与仪式的宗教人类学研究. 兰州：甘肃民族出版社, 2008
7. 高士荣. 西北土司制度研究. 北京：民族出版社, 1999
8. 韩儒林. 穹庐集——元史及西北民族史研究. 上海：上海人民出版社, 1982
9. 互助土族自治县志编纂委员会. 互助土族自治县志. 西宁：青海人民出版社, 1993
10. 贾晞儒. 从语言比较中看土族蒙古族文化心理之异同. 青海民族研究, 1998（2）
11. 江应樑. 中国民族史. 北京：民族出版社, 1990
12. 李克郁. 土族（蒙古尔）源流考. 西宁：青海人民出版社, 1992
13. 李生华. 土族绝非吐谷浑后裔——对土族族源研究若干问题的思考. 青海社会科学, 2004（4）
14. 李世愉. 清代土司制度论考. 北京：中国社会科学出版社, 1998
15. 林幹. 中国古代北方民族通论. 呼和浩特：内蒙古人民出版社, 2007
16. 卢勋，萧之兴，祝启源. 隋唐民族史. 成都：四川民族出版社, 1996
17. 吕光天. 青海土族的语言. 中国民族问题研究集刊（第三辑）, 1955
18. 罗常培，傅懋勣. 国内少数民族语言文字的概况. 中国语文, 1954（3）
19. 马光星搜集整理. 民和县官厅地区土族婚礼歌. 中国民间文艺研究会青海分会, 1982
20. 马鹤天. 西北考察记——青海篇. 新亚细亚学会, 1936
21. 米海萍，乔生华. 青海土族史料. 西宁：青海人民出版社, 2006
22. 芈一之. 从李土司族谱谈到吐谷浑与土族的关系及土族族源问题. 土族

源讨论集. 青海民族学院民族研究所, 1982

23. 芈一之. 黄河上游地区历史与文物. 重庆: 重庆出版社, 1995

24. 蒲文成. 甘青藏传佛教寺院. 西宁: 青海人民出版社, 1990

25. 祁进玉. 群体身份与多元认同——基于三个土族社区的人类学对比研究. 北京: 社会科学文献出版社, 2008

26. 祁进玉. 历史记忆与认同重构: 土族民族识别的历史人类学研究. 北京: 学苑出版社, 2014

27. 青海省人口普查办公室. 青海省1990年人口普查资料, 北京: 中国统计出版社, 1992

28. 同仁县志. 三秦出版社, 2001

29. 土族简史（修订本）. 北京: 民族出版社, 2009

30. 卫惠林. 青海土人的婚姻与亲族制度. 中国社会学通讯. 1946（5）

31. 文忠祥. 神圣建构与世俗秩序——土族民间信仰与社会生活互动研究. 北京: 中国社会科学出版社, 2013

32. 吴均. 青海地区的藏传佛教与寺院. 青海文史资料选辑（第十辑），1982

33. 许让. 甘青边界蒙古尔人的起源. 历史及社会组织. 西宁: 青海人民出版社, 2007

34. 许让. 甘肃土人的婚姻. 沈阳: 辽宁教育出版社, 1998

35. 杨卫. 土族的"班斯纳得那"研究. 西北民族研究, 2011（2）

36. 张一纯. 吐谷浑族考证. 边政公论, 1944（5）

37. 照那斯图. 土族语简志. 北京: 民族出版社, 1981

38. 中国社会科学院民族研究所, 青海省少数民族社会历史调查组. 土族简史简志（初稿）. 1963

39. 周伟洲. 吐谷浑史. 桂林: 广西师范大学出版社, 2006

40. 朱普选. 青海土司制度研究. 西藏民族学院学报, 2005（3）

41. 庄学本. 青海考察记. 西陲宣化使公署月刊, 1936（6）

42. 庄学本. 青海旅行记. 申报, 1936

43. 庄学本. 青海土民考察. 申报, 1936

图片提供者

（按姓氏音序排列）

互助土族自治县文体局	第71页	第147页	第20页	第59页
第38页（上）	第76页（上）	第148页	第22页	第84页
第67页	李伟，朱永忠	第149页	第24页	第85页
第72页	第37页	第150页（上、下）	第39页	第86页
第76页（下）	第56页	第151页	第40页	完德加，卡泽加
第77页	第82页（下）	第152页	第48页	第87页
第78页	第97页（上、下）	第153页	第49页	第91页
第79页	第109页	第154页	第50页（下）	第104页
第98页	第110页	第155页	第51页	第105页（上、下）
第99页（上、中、下）	第111页	第156页	第53页	庄学本
第100页	第112页	第158页	第82页（上）	第32页
第101页	第113页	第159页	祁进玉	第36页
第103页	第114页	第161页	第10页	第37页（上）
第120页	第115页	第162页	第11页	第38页（中、下）
第131页	第116页	第163页（上、下）	第12页	第41页
第133页	第118页	第164页（上、下）	第21页	第42页
第134页	第122页	第165页	第28页	第43页
互助土族自治县档案馆	第126页	念书	第29页	第88页
第66页	第135页	第13页	第31页	第90页
第68页	第142页	第15页	第33页	第94页
第69页	第143页	第16页	第34页	第96页（上、下）
	第144页	第17页	第44页	
	第146页	第19页	第50页（上、中）	

后记

2014年初，因为辽宁民族出版社的邀请，本人与编辑李璜女士通过几次电话，她的诚意打动了我，开始筹划写作本书。《走近中国少数民族丛书·土族》是一本普及型的民族志读物，所以，本人将初稿从25万字压缩成为目前的不足十万字，内容和篇章结构也尽可能加以简明、扼要，很多有价值的引文尽可能删除，但是核心内容和信息保留了下来。另外，因为本书是一本普及型的民族知识读本，所以，写作者尽可能将自己的观点移除，更多地用较为客观的事实和材料来说明和讲述，尽可能地避免写作者情感的流露以免影响读者的客观判断。

本书中的民俗与人生礼仪、土族叙事长诗等部分内容由东永学先生所赐，历史与族源、宗教信仰、政治制度等从第一章至第七章为本人所撰。书中的彩色照片由保广元、祁文汝、那朝庆、李占忠、朱永忠、李伟、完德加、卡尔泽加等几位同志提供，依次表示感谢。特意要对庄学本先生致敬，因为他在20世纪30年代的青海之行，保留了很多弥足珍贵的土族的民族志文本与影像资料。

祁进玉
2014年12月